ほぼ日文庫

HB-008

古賀史健がまとめた
糸井重里のこと。

著：糸井重里／古賀史健

HOBONICHI BUNKO

はじめに

みなさん、こんにちは。ライターの古賀史健と申します。

タイトルにまで自分の名前が出てしまった責任から、かんたんながら「はじめに」のごあいさつをさせていただきたいと思います。

ひと言でいうならこの本は、「糸井重里さんの自伝のようなもの」です。

さっそくへんな日本語です。ひと言にまとめたはずなのに、もやっとした言いかたになっています。「糸井重里の自伝」と言い切ることができず、どうしてもモゴモゴしてしまいます。なぜでしょうか。

タイトルからもおわかりのように、この本は糸井重里さんご自身が執筆されたものではありません。ぼく、古賀史健というライターが糸井さんのもとを訪ね、生まれたときから現在までのお話を伺い、まとめていった本です。

その意味でいうと、もしもこれが糸井さんがご自身でまとめた自伝だったら、まったく違った内容になり、表現になっていたでしょう。糸井重里のライフヒストリーをつづった本でありながら、「糸井重里さんの」というワンクッションが入ってしまうのは、そうした理由からだとご理解ください。

さらにまた、この本を「自伝」と呼ぶことにもためらいを感じます。

たとえばこの本では、いまだ糸井さんの枕詞のように語られることも多い「徳川埋蔵金」について、いっさい触れていません。あるいは、糸井重里という人間をかたちづくるうえで欠かせないピースとなったはずの「釣り」についても、触れていません。スタジオジブリ作品のコピーや、読売ジャイアンツへのまっすぐな（複雑な？）思いにも、触れていません。

もともとこのインタビューは、ソーシャル経済ニュースメディア「ニューズピックス」内の連載企画「イノベーターズ・ライフ」に掲載するため、おこなわれたものでした。経済系メディアという媒体の特性上、なるべくビジネスに寄ったトピックを中心に話を伺った。そんな実務的な理由が、大前提としてあります。

また、書籍化するにあたって時間をとっていただいた追加取材でも、埋蔵金や釣りについて、あらためて訊くことはしませんでした。

いずれもさまざまな場所で語られてきたトピックですし、ただでさえ引き出しの多い糸井さんの「すべて」を語っていただくには、時間がどれだけあっても足りません。ぼくはこの際、自分がほんとうに知りたかった話だけを訊こうと思いました。そして年表を指で追いながらするどい質問をぶつけるのではなく、ただ「となり」に座ろうと思いました。ぽかぽかとした縁側で、庭の花でも眺めながら語り合うように、ただ「となりに座る人」として、糸井さんのことばに耳を傾けようと思ったのです。

糸井さんは、こちらが恐縮するほど丁寧に、真摯に、たくさんのことを語ってくださいました。おそらく今後、糸井さんが「自伝のようなもの」を本として残す機会（というより、その意志）はないだろうと思います。ご自身の歩みを振り返るものとしては、これが最初で最後の一冊になるものと思われます。そんな責任の重大さはいったん忘れて、ぼくはしずかに耳を傾けていました。

ですからこれは、「糸井重里のすべて」を明らかにする本ではありません。

けれど、「糸井重里のほんとう」があらわれた本には、なっているはずだと思います。取材を終え、原稿をまとめ上げたいま、ぼくは糸井さんのことをより近くに感じ、ますます好きになりました。

糸井さんは人生の折々でなにを見て、なにを考え、どう動いてきたのか。そしていま糸井さんは、どこにまなざしを向けているのか。

それらの「おすそわけ」をもぐもぐ食べるのが、この本の読みかたなのかもしれません。あまい、すっぱい、塩からい。にがいもあるけど、しみじみとおいしい。

滋味たっぷりの本ができたことを、心からうれしく思っています。

2018年4月

古賀史健

もくじ

古賀史健がまとめた糸井重里のこと。

第1章

イン・マイ・ライフ　1948―1966

父とマザーと重里と。

ぼくが生まれたころの世のなかは

生まれたころの話は、またずいぶんと遠いなあ。

もしもぼくが、ほんとうに子ども時代のことからしゃべりはじめたら、それはもう戦争の匂いがぷんぷんする話になりますよ。だってぼくは、進駐軍のジープだとか、かまぼこ兵舎だとか、そんなものを自分の目で見て、おぼえている世代ですから。兵隊さんたちはちゃんと、ガムやチョコレートを投げていましたし。さすがに拾いはしなかったけれど、やっぱり見上げていましたよね。彼らのことを、「まぶしいもの」として。

ぼくが生まれたのは1948年、戦争が終わってからたったの3年後です。群馬県の前橋市に生まれて、大勢の人がバラックみたいなところに住んで、舗装されていないでこぼこ道には水たまりができていて。父親は戦争から帰ってきた人でしたし、おとなたちは空襲だったり、戦地だったりの話をたくさんしている時代。終戦直後みたいな「食うものがない」の時期は過ぎていたにしても、社会全体が貧しさで覆われていました。

シゲサトという名前の由来

重里（シゲサト）という名前は、司法書士をしていた父親がつけたんです。

ぼくは父親が30歳のときに生まれた子どもなんだけれど、最初はシゲサトの由来を教えてくれませんでした。こちらから訊いても「四角が多い名前がいいんだ！」とか、よくわからないことを言って。たしかに重里の字には、田んぼの「田」がふたつも入っているな、みたいに納得させられて。それが、20代の半ばくらいですかね、ようやくほんとうの理由を教えてくれました。

ぼくが生まれるちょっと前、それこそ戦後間もないころ、スタンダールの『赤と黒』という小説がベストセラーになったんですね。そして、この小説の主人公がジュリアン・ソレルという男だった。『赤と黒』といえば、野心に満ちた激しい青年の、立身出世や没落を描いた物語ですよ。そんなジュリアン・ソレルにあこがれて父親は、息子に「重里」の名前をつけた。つまり、父親のなかで重里は、音読みの「ジュリ」なんです。

若気の至りじゃないけれど、本人としては恥ずかしかったみたいですね。もう、隠れキリシタンがお仏壇の裏に十字架をしまっているようなもので。だって、真面目な司法書士だった父親とジュリアン・ソレルは正反対の人間ですから。なんて言うんでしょう、おなかを空かせて育った両親が息子に「豊」と名付けるような、そんな願いがもっと臆面もない個人的欲望としてあらわれた名前ですよ、ジュリアン・ソレルの「重里」は。

ぼく自身、「重里」には困っていました。ほかにない名前ですし、説明するのも面倒だし、普通へのあこがれは強かった。あれはいつだったのかなあ、ばあさんに連れられて小学校だか役場だかに行ったとき、ばあさんが受付で「シゲサトのサトは『里芋』の里です」って説明していて、すごくいやだったのをおぼえてますね。ふるさとだとか、さとがえりだとか、さとごころだとか、いろんな説明はあるだろうに、よりによって里芋はねえ。

離婚家庭の子どもとして

でもね、名前は徐々になじんでくるんですよ。わりと早い段階で「この名前を好きになろう」と決めましたし、ほかにはない自分だけの名前であることに、居心地のよさを感じることもできました。

最後まで残った「普通へのあこがれ」といえば、自分が離婚家庭の子どもだったことでしょうね。うちの母親は、ぼくがものごころつく前に家を出て、ぼくは父親とばあさんに育てられたんです。いまでは珍しくもない話でしょうけど、当時の田舎だと父子家庭は珍しかった。母子家庭でもなく、母親とは死別したわけでもない。ただ、出ていったんです。だからずっと「なんでだよ」という気持ちはありました。それは母親に対してでも、父親に対してでもなく、自分の置かれた環境に対して。

たとえば、母の日がありますよね。すると小学校で「みんなお母さんにカーネーションを渡しましょう」といって赤いカーネーションが配られるんです。そして母親がいない子どもたちには、霊前に供えなさい、ということなんでしょうね。白いカーネーションが配られるわけです。これはねえ、きついですよ。泣くわけにもいかないし、悲しそうなそぶりを見せるわけにもいかない。ことばにするなら、ただただ「恥ずかしい」ですよ。みんなと違う、というその事実が。

だから小学校の2年生か3年生くらいかな、父親が再婚するって話が出てきたときはうれしかったですね。それは、お母さんがほしかったというよりも、「特別じゃなくなること」のうれしさです。それまでぼくは、親戚からも、学校の先生からも、近所のおとなたちからも、やたら「かわいそうな子」扱いされてきましたから。いやなものですよ、「かわいそうな子」として生きるのは。

父親の再婚後にやってきた継母は、もう甘える歳でもなかったし、甘えさせてくれる感じでもなかったし、関係はむずかしかったです。ほんとうは「お母さん」と呼ぶことにも抵抗があったけれど、それを拒絶するほど大嫌いでもない。

なんだってそうだけれど、「大嫌い」が言えるときにはもう、「好き」が混じっているんです。ぼくの場合は、大嫌いにもなれないくらい、遠かった。だから、ぼくには生みの母親と育ての母親、ふたりの母親がいるはずなんだけれど、彼女たちから抱きしめられた記憶がいっさいないんです。自分から抱きついていった記憶も、当然ない。

ほら、いつだったか雑誌『ローリング・ストーン』の表紙で、素っ裸のジョン・レノンが赤ちゃんみたいに丸くなって、オノ・ヨーコに抱きついている写真があったでしょ？　あの気持ち、よくわかるんです。もうね、「MOTHER!!」ですよ。

家族会議とことばへの目覚め。

ふすまの向こうの家族会議

子どものころ、作文が上手だったとか、読書感想文でほめられたとか、そういう記憶はまったくないですね。先回りして言っておくと、中学でも高校でもいっさいない。文章はほんとうに苦手だったし、ぼくより上手な子はいっぱいいました。

ただ、父親がなにかと本屋さんに連れていってくれたのはおぼえています。高校に上がるころには、近所の本屋さんでツケ払いできるようにしてくれてね。うちの父親は、読書家というほどではないけれど、家にいるときはお酒を飲むか本を読むかばかりの人でした。だからきっと、息子にも腹いっぱい本を読ませてあげたかったんでしょうね。

ことばとの接点として、本よりもおおきかったのはラジオです。当時のラジオでは、落語、漫才、浪曲、それからラジオドラマなんかがたくさん放送されていました。いまの若い人には想像できないだろうけど、ちゃんと子ども向けのラジオドラマもありましたし。

それで次の日、小学校で落語家さんや役者さんのモノマネをする。あるいは先生のモノマネをする。やっぱり「かわいそうな子」になるのがいやだったので、そこは努めて明るくしていましたね。

そんな毎日の延長であるとき、継母の前でたわいもない小芝居を打ったんです。おなかを抱えて、ぐにゃぐにゃ身もだえしながら「うっわぁ、腹へったぁ！」って。その小芝居をぼくは、笑ってほしかった。

ところが彼女は、これにいたく傷ついたらしいんですね。「まるでわたしが食べさせていないみたいじゃないか。継子であるお前を、いじめているみたいじゃないか」と。サッと顔色が変わりました。

その日の夜、ぼくが布団に入ったあと、となりの居間からなにやら話し声が聞こえてきます。ふすまのところで耳をそばだてていると、父親と継母とばあさんが、ぼくについて家族会議を開いている。そして継母が言うわけです。「あの子は、ことばにトゲがある」と。

忘れられないですね。

子どもなりに、一所懸命考えるんです。

自分がなにをしたんだろう。なにか悪いことでも言ったんだろうか。

でも、文脈から察するにどうやら、あの「腹へった」の小芝居が原因らしい。笑ってほしくてやった、あの小芝居に傷ついたらしい。どうしてこんなことになっちゃったんだろう。これはねえ、ほんとうに悲しかった。それはもう、ぼくの人生を決定づけたと言ってもいいくらい、悲しかった。

ことばとは「おそろしいもの」だ

そのときぼくが気づかされたのは、「ことばとは、おそろしいものだ」ということ。おとなたちのことばに傷ついている自分もいて、そんな自分に傷つけられたおとなもいる。「もの言えば、唇寒し秋の風」じゃないけれど、ことばひとつ、表現ひとつで、なにもかもが変わってしまう。あえて言うなら「ことばへの目覚め」です。怖かったし、悲しかったし、どんどん自罰的な気持ちになっていきました。

だから、あれは小学3年生のときかな。

担任の先生が若くて快活な、とってもすてきな男の人だったんです。ぼくは学級委員かなにかをやっていて、その先生のことが大好きでしたし、もっともっと仲良くなって、好きになろうとしていました。

ところがある日、先生がクラスのみんなに「陰日向のある子はよくない」というお説教をはじめたんですね。「お天道さまはお見通しで、ぜんぶ見ているんだから」と。

誰のことを言っているのかは、わかりません。けれど聞きながらぼくは、ずっと苦しかった。ぼくのことを言ってるんだ、あの先生は、ぼくのことをそんなふうに見ていたんだって、勝手に自分のことを責めていました。

だって、ぼくには確実に「陰」と「日向」があったから。いまそしてほかのみんなにも陰日向があるなんて、知らなかったから。

けっきょくそれ以来、大好きだったはずの先生に心を開けなくなりました。いま思えば、別にぼくのことを言っていたわけじゃないのでしょうけどね。

継母に対しても同じですね。もともと遠い存在だったけれど、あの家族会議があってからは、最後まで心を開くことができませんでした。

ぼくを救ってくれた友だちの存在

そうやって閉じかけた心を開いてくれるのは、いつだって友だちの存在ですよ。

離婚家庭の子どもであることについて、友だちからいじめられたり、からかわれたりすることは、いっさいなかったです。知らないはずはないけれど、まったく触れない。もちろんケンカをすることはありますよ。でも、そのケンカをしているときでさえ、たのしかった。友だちと一緒にいて悲しい時間は、ひとつもなかったんじゃないかな。

たとえばぼくは喘息持ちで、子どものころはよく発作も起こしていました。鬼ごっこの最中に急に座りこんで、ひとり静かに息を整えたりね。それでもみんな、受け入れてくれていた。おとなたちはいつも「また悪い咳が出た」とか「あれは肺に響く」とか、いやな言いかたをしてくるのに、友だちはぼくを特別扱いしない。被害者扱いしない。

かっこつけて言えば、小学生同士がお互いに尊敬し合っていたんですよね。いまでもぼくは「ひと好き」なところがあるけれど、それは間違いなく、当時仲良くしてくれた彼らのおかげです。

友だちって、いわば「最高のおもちゃ」じゃないですか。そしておもちゃということは、お互いに使い捨てを前提とした関係でもあるんです。これは冷たい言いかたに聞こえるかもしれないけれど。

だから、友だちと一緒にいるときの自分が「ほんとうのおれ」なのかというと、それはちょっと違う。たとえば近所の原っぱで遊ぶとき、ぼくたちはみんな「原っぱ行き」の切符を手にしているんです。おとなになってお酒を飲むときだって「居酒屋行き」の切符を手に、出かけている。「そういうおれ」として、出かけている。その切符があると、ほんとうにありがたいし、救いにもなる。でも、切符がなくなったあと、誰も見ていない場所でひとり考える自分が、「ほんとうのおれ」なんですね。なのでぼくは、ひとりの時間を持たない人は、あまり信用できません。いつもよそ行きの切符を手にしている人は、どこか嘘があると思う。できれば、ひとりの時間を持っている人や、それを経験してきた人と付き合っていきたいんです。

ぼくにも、肉親がいたんだ。

ぼくは働きたくなかった

小学生のころのあこがれの職業は……なんでしょう。

訳もわからず当てずっぽうに、科学者になりたいと思っていたんじゃないかな。本屋さんに行くと、父親は歴史ものの本をすすめるんだけど、ぼくは実験だとか発明だとか、科学っぽい読みものを選んでいました。いま考えるとあれは完全に漫画の影響ですよね。だって、鉄腕アトムは「ラララ　科学の子」ですから。

ニュースを見ても、ソ連の人工衛星スプートニクが打ち上げられたり、東京タワーが建てられたり、「人類の未来は、科学の力によって切り拓かれていくんだ」という前提が当たり前のように社会全体を覆っていて。うん、当時に将来の夢を訊かれたら「科学者」と答えていたと思います。

ただ、ごめんなさいね。

将来の夢もなにも、子どものころのぼくは働きたくなかったんです。仕事だとか会社だとかというものが、怖かった。いつか自分もおとなになって、毎日会社に出かけて、上司のおじさんと一緒に働かなきゃいけないんだと思うと、ほんとうに悲しくて、布団のなかでひとり泣いていましたよ。一度のことではなく、それは何度も。

その理由はやっぱり、父親の姿を見ていたからでしょう。

お酒が好きな人だったというのはお話ししましたけど、浴びるほどに飲むものだから、いつだって二日酔いなんですよ。そして毎朝つらそうにしながら、いやだいやだと言いながら、それでも時間どおりに家を出るんです。さっきまで青ざめて、吐きそうな顔をしていた父親が。見ているぼくとしては「えっ？　それでも行くんだ⁉」ですよね。「会社って、あんなにきつくても休めないんだ！」って。

あとは、テレビドラマに出てくる会社の上司ってのが、ほんとうにいやなやつらばかりなんですよね。「何々くん、これをやりたまえ」とか「さっさと謝ってこい！」とか、ぜんぶのことばが命令形で。不機嫌な顔をして、ずっと威張り散らしているんです。

一方、小学生のぼくらはユートピアの世界に住んでいるわけでしょう？ちょうど原っぱで遊んでいるときに陽が沈んで空が赤らんできたような、夕方みたいな感覚ですよ。「この世界が終わっちゃうんだ」というのは、想像するだけで悲しかった。いつか自分もおとなになることはわかっているし、子どもの時代が終わることもわかっている。でも、それはたのしくない未来なんです。だから自分の将来を思うたびに、布団のなかで泣いていたな。布団のなかにいるひとりの時間は、ぼくにとっていちばん孤独で悲しい時間でしたね。

父の享年に追いついて

この前ぼくは、父親の享年（68歳）に追いついたんです。

つまりうちの父親の一生は、いまのぼくの歳にはもう終わっているわけです。そのせいもあってか、この2～3年くらいで急に父親のことを好きになりましたね。「ここまで生きてきたのか、ご苦労さんだったな」という思いもあるし、会えるものなら会ってみたい。いろいろ話して、訊いてみたいですよ。「お父さん、たのしかった?」「おれのこと、どう見えてたの?」って。

ぼくはここまでの人生、ずっとたのしかったんです。自分の主観だけでいえば、父親よりもたのしいことを、たくさん経験してきたと思います。もしかしたら父親は「おれはこれでいいんだ」って言うのかもしれないけれど、ひとりの人間として、どこか彼を気の毒に思う気持ちがあるんです。

その核にあるのは、やっぱり戦争です。

戦争のなかを生きて、20代のころに兵隊にとられて、実際に戦地に赴いたという事実は、考えられないくらいにおおきい。実際、ばあさんは「あの子は戦争に行って、まったく変わってしまった」と言っていましたからね。戦争の前には、ぼくの知らない父親がいたはずなんです。

いまの若い人たちからすると、戦争だとか兵隊だとかといった話は、江戸時代と変わらないくらいに遠い話だと思います。でもぼくにとっては近いところにある話で、しかもその距離感は父親たちともまた違うんですね。

たとえば父親を訪ねて、戦地で一緒だった人たちがやってくる。同じ部隊だった人もいれば、そうでない人もいる。お酒を飲んで、向こうでの思い出話になる。さすがに子どもがいる前では、あまり生々しい話はしません。「野生の豚は足が速くて捕まえるのが大変だった」とか「ヤシガニは意外と食えるんだ」とか、たわいもない話で笑っています。

でも、そうやってお酒を飲んでいる父親たちのあたまには、別の暗い情景が浮かんでいるんですよね。そこを避けて、話題とことばを選びながらしゃべっているのが伝わってくる。なにを避けて通っているのか、輪郭が浮かんでくるんです。

ぼくは後年、娯楽のように戦争映画を観ている父親が、どこかいやでした。「あんなに戦争をいやがっていたじゃないか」「それをたのしんでいちゃ、ダメじゃないか」って。なので、いまでもぼくは、みんなほど戦争映画が好きではないですね。

布団のなかで知った、父の温もり

父親自身も、母子家庭の長男でもあったし、たくさんの責任を背負わされていたんだと思います。ジュリアン・ソレルにあこがれながら、そんなに好きでもない司法書士をやって、お酒に逃げて、飲むとかならず泥酔して。パトカーに石を投げて、警察の厄介になったことだってありました。

きっと、誰も相談する相手もいないまま、なんでもひとりで解決しようとしていたんでしょうね。それでまたお酒を飲んで、ぼくらに迷惑をかけて。そうだなあ、もうちょっと、相談に乗れるくらいの関係を築けていればよかったですね。照れくさかったのか、ほんとうに無関心だったのか、おとなになってからはほとんど会話もありませんでしたから。あの父親にも「布団のなかにいるひとりの時間」があったんだと、この歳になって気づきますよ。

布団でいうと、ひとつ思い出があるんです。

ぼくが住んでいた群馬県は、冬になると金魚鉢の水が凍るくらい寒かったんですよ。だから火鉢を消したあとの夜は、とにかく足が冷えて眠れないんです。それである日、冷えきった足の先を父親の太腿のあいだに挟んでもらってね。「ああ、あったかい」って言いながらそのまま一緒に眠って。母親の温もりは知らないけれど、あの足先から伝わってくる、父親の温もりは忘れないですね。

いまごろになって思いますよ。「ああ、おれにも肉親がいたんだ」って。「おれ、天涯孤独じゃなかったんだ」って。

母親を知らず、いろんな女の人から邪険にされながら生きてきたけれど、お父さんだけはぼくを好きでいてくれた。それは信じてもいいんだなって。不思議ですよね、この歳になっていまさら、自分が子どもであることを思い出しているんです。

東京へのあこがれと100万円。

刺激的な仲間に囲まれた高校時代

子どものころの「科学者になりたい」が無責任なあこがれだとするなら、もう少しだけ積極的なあこがれは、イラストレーターと漫画家だったんじゃないでしょうか。

中学生のとき、急に美術の点数がよくなったんです。美術の時間に、未来のロボットみたいな絵を描いたら、先生が「6」の評価をつけてくれました。5段階評価なのに、ぼくだけ特別に「6」。もちろん廊下に貼り出されてね。それはもう、お調子者の中学生ですから、いい気になりますよ。

かわりに、勉強の成績はぐんぐん落ちていきました。でも、不思議と父親から「勉強しろ」と言われたことはなかったですね。

あるとき、成績表を見ながら父親が、ぼそっと「馬を水辺につれていっても、のどが渇いてなきゃ飲まないものなあ」とつぶやいたんです。中学生ながらに「たしかに、そのとおりだ」と思いました。「ぼくは勉強を飲む『のど』が渇いていないのだから、ぼくが勉強することはないだろう」って、まるで他人事みたいに。

逆に言うと、なにかをほんとうに「やりたい」と思ったときには、まわりが「やめろ」と言ってもやる。ほんとうにのどが渇いていれば、雨水だって飲む。これは絵を描くことでも仕事でも、あるいはギターや恋愛だって、なんでも一緒ですよね。いいことを教えてもらったと思いました。

高校に進んでからも、絵は描いていましたね。映画研究会の友だちと同人雑誌みたいなものをつくったときも、ぼくは表紙のイラスト担当。文章を書くことは、ほとんどなかったんじゃないかな。友だちのほうがずっとうまかったし、みんなマセた高校生で、知識も抜群でしたから。

彼らはマルキ・ド・サドとか澁澤龍彦とか、あるいは吉本隆明とか、むずかしい本ばかり読んでいるんです。それまで北杜夫や星新一を愛読していたぼくからすると、かっこいいんですよ、やっぱり。そもそも同人雑誌をつくるにあたっても、宮武外骨の『スコブル』だとか、梅原北明の『変態資料』だとか、大正から昭和初期の雑誌を古本で取り寄せるところからはじめましたからね、彼らは。

あとは当時、現代国語の先生がちょっと変わった、おもしろい先生でね。もともと東京の出版社で編集者をされていた、亀島貞夫先生という方です。太宰治の書簡集にも名前が出てくる方だから、文芸好きには知られた存在だったのでしょう。

ぼくがほぼ日でもよく書いている「多忙は怠惰の隠れみの」ということばは、この亀島先生が授業中に語ったものなんです。ぼくの担任だったこともないし、そもそも担任のクラスを持たれていなかった気もするし、不思議な縁ではあるけれど、いつも亀島先生のところに集まっては、仲間たちといろいろ話をさせてもらっていました。あまり読書をしないぼくが、太宰治だけは熱心に読んだ時期があるんだけれど、それも亀島先生の影響があったのかもしれません。うん、いま振り返っても刺激的な環境でしたよ。

以前、評論家の呉智英さんから「糸井さんは高校時代の友だちのことを、いままで も『おれよりもすごい』と言う。それはほんとうにすごいことだ」と、妙な評価をされたことがあるんだけど、ぼくにとっては当たり前のことなんです。彼らへの尊敬とあこがれはいまも変わらないし、ぼくは自分のことを「彼らよりもすごくないおれ」だと、ずっと思っていますよ。

60年代の風に吹かれて

そういう知的で刺激的な友だちの影響と、それからもちろん時代(1960年代)の影響もあって、やがてテレビニュースに映る学生運動がまぶしく見えるようになりました。

なにがまぶしかったのか? たとえばぼくら高校生は、先生たちから怒られてばっかりですよね。酒やタバコの悪いことをするにしても、先生たちの目を盗んでやっている。ところがブラウン管に映る大学生たちは、学校のなかにバリケードをつくって、先生や警察と正面からぶつかっているわけです。

しかもメディアは、学生たちを「弱きもの」として描きます。そして「弱きもの」である学生たちが、国家権力的な「強きもの」たちに堂々と反旗を翻している。不正を叩き、正義を訴えている。その構造は、もう完全にヒーローなんですよ。

だから、思想的なことはなんにもわからないくせに「東京の大学に行って、あのなかに入りたい」と思っていました。真似ごとのように、文化祭の打ち上げで机や椅子を燃やしてみたりね。「これはアートだ。キャンプファイヤーだ」とか言って。

このへんの時代背景はねえ、渾然一体としていて、説明がむずかしいんです。イデオロギーだけじゃないんです。左翼思想みたいなことと、反体制であること、エロティックであること、知的であること、それからアート、反戦、ユーモアとナンセンス。ぜんぶが一緒くたになった、ドストエフスキーの小説みたいに多面的な世界。だからあのころ、アートに関心があった若者は、多少なりとも巻き込まれざるをえなかったんじゃないかな。それをファッションというのであれば、ファッションですし。ぼくが学生運動に惹かれていった理由の半分は、そのへんの渾然一体としたカルチャーにあったんだと思います。

「おれは、保守的な人間なんだ」

じゃあもう半分はなにかというと、ぼくが子どもだったからですよ。子どもって、保守的な生きものなんです。たとえばテレビドラマなんかで、親が離婚するとなったとき、子どもは「やだやだやだ、お父さんお母さんと一緒にいたい」って泣くじゃないですか。あれはつまり、保守的だということですよね。お父さんもお母さんも毎日ケンカして、こんなにつらい思いをしているのに、それでも子どもは「一緒にいたい。このままがいい」って泣くわけですから。脚本家はすごくピュアなセリフだと思って書いているかもしれないけれど、保守的で、変化をおそれているから泣いて駄々をこねるんです。

それではなぜ、子どもが保守的で変化をおそれるかというと、無力だからですよね。身体もちいさいし、社会的にも弱い立場にいる。生存戦略として、保守的にならざるをえないのが子どもなんですよ。

高校を卒業するとき、父親がひとつ謎かけみたいなことをやってきたんです。

「大学に行ったら、たぶん学費と仕送りで100万円くらいのお金がかかるだろう。だから大学に行くのか、行かずにここで100万円を受けとって好きなように使うのか、自分で決めなさい」って。

ちょっと、すごい話ですよね？　あの当時の100万円といえば、いまの貨幣価値にすると400万円とか500万円とか、それくらいの金額です。きっと父親としては、自分の息子がそれだけのお金を持って、どう格闘してどんなふうに生きていくのか、見てみたい気持ちがあったんでしょうね。踏み絵じゃないけれどその気持ちは、いまのぼくにも確実にありますから。自分の子どもに対しても、ほぼ日の社員たちに対しても。

それでもぼくは、大学行きを選んだんです。

しかも、友だちがみんな東京の大学に行くっていう、それだけの理由で。おれは保守的な人間なんだなって、つくづく思い知らされました。口では生意気なことを言っているくせに、いざとなったら目の前の冒険を選べず、けっきょくは「みんなと一緒」を選んじゃった。そうですね、あの100万円はおおきかったですね。

第2章

ア・ハード・デイズ・ナイト　1967―1979

ことばの重さと命の軽さ。

「あなたたちのやりかたは下手すぎる」

ぼくが入った法政大学は、学生運動全体でいうと一種のゲバルト部隊、つまり実力部隊です。デモ隊の1列目から10列目まではぜんぶ法政で固める、みたいな。たしか入学してすぐのとき、授業中の教室に上級生のデモ隊が入ってきたんですよ。

それで自分たちの主張を訴えて、要は新入生の勧誘をやるわけだけど、言っていることがあまりに支離滅裂で、幼かったんですね。だから立ち上がって、「あなたたちの言っていることはわかるけれど、やりかたが下手すぎる」と反論しました。もう、見事にばかですよね。だってこんなの、自分のほうが利口だと思っての発言ですから。そこから「じゃあ、君だったらどうするんだ。一緒にきて、やってみろ」

みたいな話になって、けっきょく彼らの仲間入りすることになりました。

ぼくが学生運動に首を突っ込んでいることは、当然父親も知っていました。夏休みかなにかで実家に帰ったとき、父親の友人が言うんです。「お父さんも心配してるんだから、もうちょっとまっとうな学生生活をおくったらどうだ」とか、そういうことを。でも、父親はなにも言わなかったですね。無関心とか、さじを投げてたとかじゃなくって、ただ黙って受け止めていました。

たとえば1967年の10月8日に、羽田でデモ隊と機動隊の衝突（第一次羽田闘争）がありました。1年生のぼくは留守番部隊だったから現場にいなかったんだけれど、混乱のなかで京都大学の学生さんが亡くなる事件も起きました。それで、うちの父親は群馬から下駄履きのまま、羽田まで駆けつけたらしいんですよ。安否を確かめに行ったわけじゃなく、「うちの息子は、こういう場所にいるんだな」ということを確かめたかったようで。それは、ぼくも彼の立場だったらそうするだろうな、と思います。あれこれ口を挟むつもりはないけれど、子どものことは知っておきたいですから。

学生運動に幻滅するまで

内側から見た学生運動は、いまで言うブラック企業と同じ構図ですよね。つまり、「おおきな理想を達成するためには、多少の犠牲は厭わない」という発想が、組織全体を覆っている。デモ隊の先頭で血を流す人ほど認められるし、うしろにいた人は彼らに借りができたような気になって、今度は自分が先頭に立とうとする。やがてお互いが貸し借りの鎖でつながっていって、逃げられなくなっていく。そして段々と「ことば」が重くなってくるんです。

おおきな、重たいことばばかりが、まわりを飛び交うようになる。なぜかというと、「命」が軽いからですよ。人は「命」を軽く扱おうとするとき、それをごまかすために「ことば」を重くするんです。実際そのころには、機動隊との衝突が激しくなって、いつも「死」が近いところにありましたし、内ゲバもはじまっていましたしね。

そういうなかにいて、少しずつ「ああ、おれには無理だな」と思うようになりました。最大の理由は、先輩たちを尊敬できなくなったことです。それこそ「横暴な国家権力に対抗して、毅然と振る舞う若者たち」がぼくのあこがれだったわけだけれど、見たくないところをいっぱい見ちゃった。自分たちのカツ丼代を、カンパで集めた「闘争資金」から払っていたりとか、そういうみみっちいところでもね。群馬から出てきた純朴な男の子からすると、それだけでもショックですよ。

これはコピーライターになったあともそうだけれど、ぼくは「みっともないこと」が、ほんとうに苦手なんです。自分はそれをしたくないし、それをやっている仲間や先輩を見たくない。たとえば有名なアートディレクターの助手をやっている人が、「あの人の助手」という威光で威張っていたり、満足していたりする。それはぼくにとってとても「みっともないこと」だし、そこに近づかないようにしてきた自覚は、強くあります。

けっきょく学生運動は1年くらいで辞めて、そのまま学校も辞めました。もう、逃げるように辞めましたね。

学生会館、横尾忠則との出合い

もうひとつ、学生運動を辞めるきっかけとして、おおきな出来事があったんです。

1967年の11月12日に、羽田に行く（第二次羽田闘争）ことになりました。その前日に、中央大学の学生会館にみんなで泊まっていました。貸し布団屋からたくさん布団を借りてきて、大勢で雑魚寝して。それで夜中にのどが渇いて、自動販売機までジュースを買いに行ったんです。

自動販売機からの帰り道、通路の壁に貼ってある一枚のポスターに気づきました。足が止まって、釘付けになりました。

なんのポスターなのかわからない。誰が描いたのかもわからない。でも、生理的と言ってもいいくらいの、猛烈な拒絶感があって、その場で吐きそうになりました。もう「いくらなんでも、これはダメだろう」っていう嫌悪です。

そのまま学生会館に戻って布団に入るんだけど、まったく眠れません。あんまりにも気持ち悪くて、布団を出て、もう一回見に行きました。ポスターの前に立って、見て、あいかわらず不快で、いやでいやでたまらないんだけど、それが唐十郎さんが主宰する「状況劇場」のポスターだとわかりました。そしてこれは後にわかったことなんですが、そのポスターを描いたのは横尾忠則さんだったんです。……横尾忠則との出合いですよ。

この出合いは、どう説明すればいいんでしょう。たとえば漫画の世界でいうと、ぼくらが小中学生くらいのころに「劇画」というジャンルが生まれました。それは貸本屋さんにしか置いていない、労働者の若者たちに向けてつくられた娯楽でした。手塚治虫の漫画がグリコのお菓子とするなら、劇画の位置づけは駄菓子屋のお菓子です。

そして横尾さんのイラストレーションには、その「駄菓子成分」を含んだ雨風が、びゅんびゅん吹き荒れているわけです。自分のなかにある「俗なるもの」が、ぜんぶあそこにぶちまけられていた。いっぱしの正義や理想を口走って学生運動に身を投じていた、嘘つきな自分のね。

だから吐き気もしたし、拒絶感もひどかったし、いやだった。あんまりにもいやすぎて、もう一回見に行った。横尾さんが持つ、革命的な正直さに、身体ごとさらわれたんです。

あの日からずっと、「すべてのことから自由である」という横尾さんの姿は、一貫してぼくのヒーローですよ。ぼくは横尾さんのことを、30世紀まで残る唯一の同時代人だと思っていますから。

コピーライターになれる、と決めた。

若いときの苦労は、買わなくてもいい

大学を辞めてぶらぶらしているとき、ぼくを支えてくれたのは仕送りです。自分の勝手で大学を辞めたくせにぼくは、田舎に帰ることもせず、そのまま仕送りをもらえるよう、父親にお願いしました。

退学の報告と一緒に「悪いんだけれど、卒業するはずだった21歳までのあいだは、このまま仕送りしてくれないか」って。父親はただひと言、「わかった」。なんの文

句も言わず、二十歳を過ぎるまで仕送りを続けてくれました。

おかげでレコードも買えたし、お芝居やコンサートも観に行けた。髪も伸ばして、ヒッピーというか、当時のことばでいうフーテンですよね。

よく「若いときの苦労は、買ってでもしろ」って言うじゃないですか。それはそれで事実のひとつではあるんだけれど、その苦労でつぶれちゃう若者もたくさんいますよね。あの「なにも聞かず、ただお金を送る」という父親の決断は、ぼくにものすごくおおきなものを育ててくれました。いま思うと父親は、自分自身がいろんなコンプレックスを持った人でもあったから、息子に対してはコンプレックスを持たせたくないと思っていたんじゃないのかな。当然アルバイトしないと間に合わない金額だったけれど、あの仕送りがなかったら「貧すれば鈍する」で、みっともない人間になっていたかもしれません。その意味で豊かでしたよ、ぼくの心は。

コピーライターという選択肢

もちろん、いつまでもアルバイトと仕送りで生きていくわけにもいきません。ちゃんと働いて、お金を稼がなきゃいけないわけです。

まず、会社勤めは考えられませんでした。ぼくは会社が怖かったし、そもそも大学を1年で中退した身ですし、会社から受け入れてもらえるとも思えなかった。なので最初から、フリーで食っていく道を探しました。

それで、やっぱり横尾忠則さんの影響でしょうね。とりあえず絵を描きはじめるわけです。とにかく「絵は描けたほうがいい」という直感だけがあって、それこそ横尾さんの模写なんかもやって。でも、うまくいきっこない。とくに色を塗るところで挫折しちゃう。

それで今度は千駄ヶ谷にある「サロン・ド・シャポー学院」という帽子デザインの専門学校やら、お茶の水にある「東京デザイナー学院」やらの入学願書を取り寄せて、なにか道がないかと考えます。あとは、美容師の専門学校も考えたのかな。絵を描くことから派生して、自分みたいな人間でも受け入れてもらえそうなところを考えていたんです。

それがあるとき、知り合いの女の子から、「わたし、いまクボセン（久保田宣伝研究所。現・宣伝会議）の『コピーライター養成講座』に通ってるの」と教えられました。ぜんぜん興味もない、選択肢に入れたこともない道です、コピーライターは。ただ、その子が「アルバイトで書いたコピーで、1本4000円なんだ」と言うわけです。

当時のぼくは建設現場で日雇い労働をやっていたんだけれど、ものすごく払いのいい現場でも日当2500円。普通の現場だと1500円くらい。そこに1本4000円ですからね。だから、まずは金額にびっくりしました。

そして次の瞬間、なんの根拠もないまま「おれは、コピーライターというものになれるのかもしれない」と思ったんです。コピーはもちろん、文章だって書けないくせに。だから、いま思うと「コピーライターになれると思った」じゃないですよね。「なれる、と決めた」ですよね、ほんとうは。誰にすすめられたでもなく、どこかで文章をほめられた経験もなく、自分で勝手にそう決めちゃったんです。

「彼、天才ですから」

コピーライター養成講座に通いはじめてからは、力はないし、生意気ざかりだし、まったく問題外でしたね。これじゃダメだろう、と自分でもわかるものばかりを書いて。

どれくらいダメだったかというと、いまでもおぼえているのがカラーテレビについての課題で「リンゴは赤く。でも、家計簿は赤くなりません」なんてコピーを書いていたんです。もうね、笑っちゃうでしょ？　おもしろくもなんともないですよ、こんなコピー。自分なりにそのカラーテレビについて勉強して、電気代がポイントなんだと理解して、なんとかそれを伝えようと、考えたふりをして。やっぱり「考えたふり」がいちばんよくないですよ。

それが、たぶん考えたふりをする余裕もなかったんでしょうね。あるとき、それまでとは明らかに違うコピーがポンッとできちゃったんです。アサヒビールの「本生」という新商品についての課題で、ぼくはこんなコピーを書きました。

「本生には、贅沢をさせています。」

これを黒須田伸次郎さん（代表作「ゴホン！といえば龍角散」）という先生が、すごくほめてくれてね。自分でもこれまでに書いてきたコピーと違っていることは、わかりました。おおきな意味での「発見」がありますよね、本生のほうには。ところがカラーテレビの家計簿には、なんの発見もない。

ただ、発見というのは「書けたら、わかる」ものなんです。

いまでもぼくはそうですよ。なにかのコピーができあがったときにようやく「あっ、書けた!」とわかる。曇りがとれるような感覚がある。いいコピーが出ていないうちには、どんなに数を書いても「書けた!」という実感がない。逆にいうと、「まだ書けていない」ということだけが、わかっている。

だから、ぼくにとってはじめての「書けた!」は、あのアサヒビールの課題です。実際それからまわりの評価も変わってきましたし。

たとえば、広告業界の大御所ともいえる山川浩二さん（パイロット「はっぱふみふみ」のCMなど）という先生が、よその人のところにぼくを連れていってくれる。ぼくが「あ、糸井です」とあいさつする。すると山川さんが、ちいさな声でぼそっと「彼、天才ですから」と付け加えるんです。

自分では才能なんて、どうだかわからないんです。とくに天才ってことばは、やっぱり過分なものに思える。でも、信じるしかないと思いました。たとえ気まぐれのことばだろうと、過分な評価だろうと、それを信じるしかなかった。

もうひとつ、黒須田先生とはおかしな思い出があってね。講座を卒業してから何年か経ったあと、先生が持っていた授業の代役を頼まれたんです。「ぼくには教えることなんてできませんよ。話すことがなくなったら、どうすればいいんですか?」と訊いたら、黒須田先生は真顔で「しのげ」って言うんですよ。

「話すことがなくなったら、ずっと黙って立っていればいいんだよ。生徒との我慢くらべだ」

「ええっ!?」

「黙ってしのげば、そのうち時間がきて終わるから」

もうね、ひどいでしょ? でも、黒須田先生の「しのげ」は、その後の人生にものすごく役立ちましたね。たしかに、じたばたしてもしょうがない場面はいっぱいある。「しのげ」で乗り切るしかないことはたくさんある。だからみなさんにも、おすそ分けします。

しのげ。いいから、しのげ。とにかく、しのげ。……いいおまじないでしょ?

就職、倒産、フリーランス。

土屋耕一さんとの出合い

コピーライター養成講座に通いはじめたころ、土屋耕一さんの存在を知りました。資生堂や伊勢丹、東レや明治製菓など、さまざまな企業の広告で活躍した、ぼくがいちばん尊敬するコピーライターです。いや、尊敬ということばでは足りないな。ちょっと別格ですよね、土屋さんの存在は。

土屋さんのことを知った直後に、神田の古本屋さんで『デザイン』という雑誌を見つけました。表紙を横尾忠則さんが描いていて、「おお、横尾忠則だ！」とページをめくる。するとその号が、たまたま土屋耕一特集号だったんです。すごいタイミングですよね。横尾さんにいちばん傾倒しているときでもあり、土屋さんというコピーライターに惹かれはじめたときでもあるわけですから。もう、この本はぜったいに買わなきゃって、あわててレジに持っていったのをおぼえています。

それまでなんの興味もなく、「1本4000円」のことばに惹かれてたどり着いたともいえるコピーライターの職業が、ひときわまぶしいものに思えたのは、土屋さんのおかげです。文体、句読点や改行のタイミング、それから冗語(無駄に思えることば)の混ぜかた、いろいろと影響を受けました。

土屋さんのコピーは、商品を説明するだけのコピーではないんです。つまり、商品のことを語りながら、どこか別のところからあたらしい「価値」を掘り起こしてくる。たとえば伊勢丹のシリーズで言っても、ライフスタイル広告の先駆けとなった「テレビを消した一週間。」とか、週休2日制がはじまりそうだっていうときの「こんにちは土曜日くん。」とか、あるいはギフトキャンペーンの「どんな顔するかな」とか、みんなそうですよね。土屋さんの書くコピーによって、世のなかにあたらしい価値がひとつずつ増えていく。世のなかが、それだけ豊かになっていく。さらには人々が、自由になっていく。それはほとんど魔法使いのような仕事ですよね。あこがれるし、やってみたいに決まっていますよ。自分のコピーによって、なにかを変えていけるんですから。

最初で最後の会社勤め

一方でぼくはというと、コピーライター養成講座の人から紹介された「サムシング」という制作プロダクションに就職しました。1960年代の終わりですかね。主にファッション関係の広告をつくっていた、弱小とさえいえないくらいのちいさな会社です。

会社勤めはいやだし、怖かったんだけれど、「あそこには君みたいな人がいっぱいいるから大丈夫だよ」と言われて。ぼくみたいな人というのはつまり、ヒッピーまがいの若い子がうろうろしている会社だったんです。

だからむかし思っていたような「会社」とは違う、居心地のいいところではあったんだけど、仕事自体はつまんなかった。もうね、クリエイティブの要素がどこにもないんです。まず、コピーライターの先輩がいるって聞いて入ったのに、その人はぼくと入れ替わりで辞めちゃって、教えてくれる人が誰もいない。それはそれでよかったけれど、要はそれだけコピーライターが大切にされていない会社だったんですね。

たとえばデザイナーが、外国のファッション雑誌をチョキチョキ切りとる。それをなぞるように絵コンテを描いて、ブランドのロゴタイプを当てはめる。そしてぼくに「こんなのなんだけど、なんかコピーつけて」と渡される。……いま聞くとびっくりでしょ？　ほとんどが外国雑誌の真似っこで、本来はコピーなんていらないくらいなんです。こんな仕事をくり返しても、おもしろくないですよ。

だから欲求不満もあるし、自分の力を試してみたい欲もあるし、賞には応募していました。まずは入社してすぐくらいの年に、宣伝会議賞の銀賞をもらいました。でも銀賞ってのがくやしいから次は2つ応募したら、それが金賞と銀賞の両方をもらいました。主催者から「金賞と銀賞の同時受賞は前代未聞です！」なんて電話がかかってきたりするものだから、こっちとしてはいい気になるんです。ところが、ちっとも評判にならない。もっと引く手あまたになるかと思っていたのに、お声がかからない。

そのころ、会社にかかってくる電話は、借金の催促ばかりになっていました。

自分でも「この会社はもうダメだろうな」と思っていたし、社長からも「うちは危ないから辞めたほうがいいぞ」とすすめられて、転職を考えはじめた時期でもあったんです。だから賞を獲って、よそから引き抜かれるのを待っていたんだけれど、けっきょく辞めるより先に会社が倒産しちゃいました。

押し出されるようにしてフリーランスに

もし会社が倒産しなくても、あそこでフリーランスになっていたか。そう考えると、うーん。むずかしいなあ。

最終的にそうなったとしても、なかなか辞めにくかったんじゃないでしょうか。こう見えてぼく、義理や人情に厚いほうですから。もうお亡くなりになりましたけど、そこの社長さんのこと、大好きだったんですよね。ばかにしたり、からかったりしながら、ほんとうに好きだったんです。

転職を考えはじめたとき、ぼくとしては資生堂の企業文化誌『花椿』か、マガジンハウスの『ａｎ・ａｎ』か、どちらかに行けばおもしろいかな、と思っていました。すると社長が、真顔で「お前が『花椿』や『ａｎ・ａｎ』に入ってからの人生、おれは全部予言できるぞ」って言うんですよ。「どっちに行っても、ただの会社員だ。お前は会社員として優秀な人間じゃないんだから、つまんない一生が待ってるぞ」って。

単純に引き止めたかったのか、フリーランスになれ、と背中を押してくれたのか、ぼくにはわかりません。でも、あのひと言がなかったら『花椿』か『ａｎ・ａｎ』に行こうとしていたでしょうね。そして、仮に入れてもらえたとしても、その後どうなったかは誰にもわかりませんよね。社長のことばがあって、しかも社長が倒産させちゃったことで、ぼくは押し出されるようにフリーランスになったんです。

食えない仕事がぼくを育てた。

最初はコピー以外で食っていた

物語としてはこのあたりで、ぜんぜん食えなかった時代の苦労話があると盛り上がるんでしょうね。あるいは、あっという間に売れっ子になっちゃった天才的なエピソードとか。でも、つまらない人間でごめんなさいね。どちらでもないのが正直なところです。

そもそも会社がつぶれてフリーになったわけだから、ほんとうは食っていくアテなんかなかったんですよ。ところが当人としてはアテがあるつもりで、ちっとも焦っていないんです。その数少ないアテのひとつが、会社員時代からの続きとして「ウェルジン」というジーンズブランドの広告をまるまるやらせてもらえたこと。これは『メンズクラブ』一誌にしか出さない広告だったんですけど、ここで毎月のお仕事がカウントできるし、自由に遊ばせてもらいました。けっきょく、そこの広告（「このジャンパーの良さがわからないなんて、とうさん、あなたは不幸な人だ！」）で東京コピーライターズクラブの新人賞をいただきましたしね。

もうひとつ、ほんとうの意味で自分を食わせてくれていたのは、CMのアイデア出しです。たしか喫茶店で知り合った、Kくんという制作プロダクションのディレクターからの仕事でね。彼がクライアントへのプレゼンに持っていくCMのアイデアを、毎回何本か考えるんですよ。その仕事だけで毎月初任給くらいのお金にはなっていたので、当面はそれで食っていた感じでした。

フリーになることへの恐怖は、とくに感じなかったですね。じつは会社がつぶれるとき、ある会社の面接を受けたことがあったんです。それで面接官のおじさんから「きみはなにが得意なの?」と訊かれたぼくは、正直に「とくにありません」と言いました。するとおじさんは、「得意分野がないというのは、ぜんぶが得意だと言っているのと同じ、生意気な発想なんだよ」とお説教をはじめるんです。もう、ばっかじゃないの、と思いましたね。こんな人の下で働くのはぜったいにいやだし、だったらフリーのほうがましだって。自分がフリーに向いていたかどうかはわからないけれど、「サムシング」の社長さんが言っていたように、会社員に向いていないのは間違いなかったみたいです。

「おれ、ここにいてもいいんだな」

当時、コピーライターとしての自分をどう考えていたのかは、なかなか複雑ですね。いくらお調子者のぼくでも、そう簡単に「おれは天才だ」と思えるものではありません。最初に感じたのは「どうやらおれは、ここにいてもいいんだな」です。たとえばそのころ、ぼくはイラストレーターの湯村輝彦さんと一緒に仕事をさせてもらっていました。ぼくからすると湯村さんは、センスのかたまり。超一流の、あこがれのイラストレーターです。そんな湯村さんが、ぼくのことをおもしろがってくれて、一緒に仕事をしてくれている。これは、なによりたしかな「ここにいてもいい」の実感になりますよね。

やがて『メンズクラブ』でちいさな連載を持たせてもらうことになったり、漫画雑誌『ガロ』で湯村輝彦さんと一緒に『ペンギンごはん』シリーズ（原作・糸井重里／作画・湯村輝彦）の漫画をつくったり、別のちいさな連載の依頼が舞い込んだり。広告以外の仕事が、どんどん増えていきました。

もう、いちいちぜんぶがたのしかったですね。

それは広告以外の仕事を、メシのタネとしてまったくアテにしてなかったから。『ガロ』なんて原稿料タダでしょ？　ほかに連載があるといっても、せいぜい原稿用紙4枚程度。お金の面では全然話にならない。でも、アテにしてない仕事だったからこそ、失うものがない立場として、自由に遊ぶことができたんです。

そうやって広告以外の場所で遊んでいるうちに、やがてアートディレクターの江島任さんや浅葉克己さんといった、先輩方と一緒に仕事をさせていただく機会が増えてきました。江島さんは、口ぐせのように「お前をいっちょ前にしたいんだよね」と言って、かわいがってくれてね。

一方、浅葉さんの事務所には、わかりやすく「広告賞を獲りたい！」という野心を抱いたクライアントたちが集まってくるんです。たとえば松下電器（現・パナソニック）の宣伝事業部の人たちとか。それでぼくが「今回の洗濯機、厚手のシーツが洗えるくらいおおきいんだったら、『おねしょ』を洗うのはどうですかね？　赤瀬川原平さんにイラスト頼んで」とかのアイデアを出す。みんながおもしろがる。そこから『１００万人の、おねしょともだちへ。』という広告ができていく。そういう、ぼく個人では取れないようなメジャーな仕事の、いわばアイデア要員・プレゼン要員のようにしてお呼びがかかるようになりました。たぶん、「あいつが入ればなにかが生まれる」「イトイを呼べばおもしろくなる」という認識が、少しずつ広まっていったんでしょうね。

自信のかたちが変化するとき

じゃあ、それでいい気になっていたかというと、そうじゃなかったのはしっかりおぼえています。「自分はまだコピーライターとしてなにもやりきれていない。こんなところで満足しちゃダメだ」という思いは、はっきり持っていましたから。それと同時に生意気なところは当然あって、自信のかたちは変わりました。最初はいろんな人にかわいがってもらうことで「ここにいてもいいんだ」と思っていたのが、少しずつ「これだったら、おれにもできるな」に変わってくる。やがていろんな広告を見たり、先輩たちの仕事を見たりしても「これ、おれにやらせてくれたらよかったのにな」と思うようになる。

先輩をばかにする気持ちは、さらさらないんです。でも先輩たちの仕事に「なるほど、こうするのか」と感心していたのが、「これだったら、おれにもできる」になり、いつの間にか「これ、おれにやらせてくれたらよかったのにな」が増えていく。

実際にできたかどうかはわかりませんよ。でも、自分のほうがおもしろくできると思っていたんでしょうね。生意気な時期の成長って、そういうもんじゃないのかな。いまでもなにかの広告を見て思うことはありますよ、「これ、おれにやらせてくれたらよかったのにな」って。いや、広告だけじゃなくって繁盛していないお蕎麦屋さんを見ても思いますから。「これ、おれに任せてくれたらな」「おれだったらこのお店、どうするんだろうな」は。

矢沢永吉が立っていた場所。

永遠のボスと、永遠の子分

横尾忠則さんがぼくにとっての永遠のヒーローだとするなら、矢沢永吉さんは永遠の「ボス」ですよね。年齢でいうとぼくのほうがひとつ年上になるんだけれど、ぼくは出合ったときからずっと、永ちゃんの「子分」です。

はじめて会ったのは28歳か29歳くらいのころかな。その少し前、雑誌の『STUDIO VOICE』に、永ちゃんについての短いエッセイを書いたんです。それをたまたま、小学館の島本脩二さんという編集者が読んでくれた。島本さんといえば、のちに『写楽』という雑誌のデスクとして活躍して、ミリオンセラーになった『日本国憲法』(1982年)を手掛けることになる名編集者。その彼が「矢沢永吉の本、やってみない?」と声をかけてくれたんですね。そして六本木にある中華料理屋さんで、実際に永ちゃんと会って。たしか篠山紀信さんも一緒だったんじゃないかな。ニット帽を被った普段着の永ちゃん、やっぱりかっこよかったですよ。『成りあがり』(1978年に刊行された矢沢永吉の自叙伝。糸井重里は取材・構成を担当)のスタートですね。

キャロルの衝撃とはなんだったのか

キャロル(矢沢永吉が1972年に結成したロックバンド)の登場は、ほんとうにびっくりしました。

それまでぼくは、ビートルズを筆頭に、基本的に洋楽ばかりを聴いていたんです。ウッドストックの世代ですし、とくに学生運動が溶けちゃったあとは、なにがおもしろいかといったらアートと音楽でしょう。海外からあたらしく入ってくる音楽や文化を、そのつど必死で追いかけていました。

そして日本でも、はっぴいえんど（細野晴臣、大瀧詠一、松本隆、鈴木茂が在籍したロックバンド）が出てきたり、内田裕也さんのフラワー・トラベリン・バンドみたいな、洋楽色の強いバンドが出てきます。『ニューミュージック・マガジン』（後の『ミュージック・マガジン』）も創刊されて、音楽評論の土壌も耕されていって。ジャンルが成熟して、少しずつ大学出の、インテリのおもちゃになっていくわけです。

そこにバァーン、と出てきたのがキャロルであり、矢沢永吉ですよ。いまどき革ジャンにリーゼントで、ビートルズのハンブルク時代みたいな、生まれたまんまのロックをやっている。当時のぼくらから見ても時代錯誤な、ほんとうに少年みたいなバンドだったんですよ。「なんだこれは！」とびっくりすると同時に、直感的に「これを聴けなかったら、おれはダメだ！」と思いました。

なんて言うんでしょう、振り返ってみるとキャロルや矢沢永吉は「大学に行かなかったほとんどの若者」を代表していたんですよね。

いまの人たちからすると全共闘世代の若者はみんな学生運動に参加していたような印象があるかもしれないけれど、ぜんぜん違うんです。学生運動で勝ったの負けたのと騒いでいたのは、ほんのひと握りの大学生だけ。高卒の子たちはもちろん、ほとんどの大学生は「うるせえな」としか思っていなかった。それでもメディアは「若者の反乱」を煽る。一部の大学生、一部のインテリばかりにフォーカスする。

矢沢永吉という人は、そんな時代に「大学に行かなかったほとんどの若者」を代表していました。インテリぶってる都会の大学生たちを、ぜんぶ蹴っ飛ばすようにね。その居場所は、いちばんかっこいいですよ。

もしもロックが「かっこいいとは、なにか」を問うものだとするなら、いちばんロックで、いちばんかっこいいのは、永ちゃんですよ。そして実際にステージを観に行って、完全にまいりましたから。いまの永ちゃんもそうだけれど、どんなに矢沢永吉的なものをばかにしている人だって、あのステージを観たら降参すると思いますね。

時流に乗らないことの大切さ

だからキャロルの衝撃は、音楽性の衝撃よりも人間性の衝撃ですよね。矢沢永吉という人に対して「なぜこの人は、こんなふうでいられるんだろう？」「どうしてこの人は、こうなれたのだろう？」という驚きと疑問が、ずっとあった。

そこで『成りあがり』の取材では、ものすごく愚直なやり方で、子ども時代から順番に話を聞いていきました。「矢沢永吉という人間は、どんなふうにしてつくられていったのか」を心底知りたかったから。

全国ツアーについて回って、楽屋にも入って、一緒にごはんを食べて、地方の町をふたりでぶらぶら歩いて。たとえば広島時代の話にしても、あそこまで開けっぴろげに語ったのは『成りあがり』が最初じゃなかったかな。

おかげさまで『成りあがり』はたくさん売れました。ぼくは印税契約じゃなかったから、原稿料として最初に50万円くらい受けとっただけだったんですけど、あんまりにも売れたものだから小学館の人からダイバーウォッチをもらったりしてね。うれしかったのは、小説家の中上健次さんがほめてくれたこと。

永ちゃんの後楽園球場コンサートのとき、あの本のことを大絶賛といってもいいくらいにほめてくれたんです。それまで、コピーライターとしてほめられることはあっても、文章そのものをほめられたことはなかったし、しかも相手はあの中上健次さんでしょう？　当時は自慢する相手もいなかったけれど、あれはうれしかったなあ。

永ちゃんとは、それからもボスと子分で、不思議な関係が続いています。おとなになってからの幼なじみみたいなね。ぼくが永ちゃんに教わったのは「時流に乗らないこと」の大切さ。時流に乗ってヒットしたバンドは、時流とともに消えていくんです。むしろ「そんなの時代遅れだよ」と笑われるくらいに愚直なほうが、しぶとく生き残る。

ほぼ日をはじめるとき（１９９８年）だって、感度の高そうな人ほど「いまさらインターネット？」とか「もう遅いよ」と笑っていましたから。もちろん「まだ早い」の声もありましたけど。あのとき、はっきりと「いちばんいいタイミングだと思います」と背中を押してくれたのは、岩田聡さんだけじゃなかったかな。

徒手空拳ってことばがあるけれど、日本の芸能界でほんとうにどこにも属さず、文字どおりの徒手空拳ですべてを切り拓いたミュージシャンって、たぶん永ちゃんだけですよ。そんな矢沢永吉の存在だったり、人間性、人生そのものがみんなからリスペクトされているんです。それはもう、サイコー、ですよね。

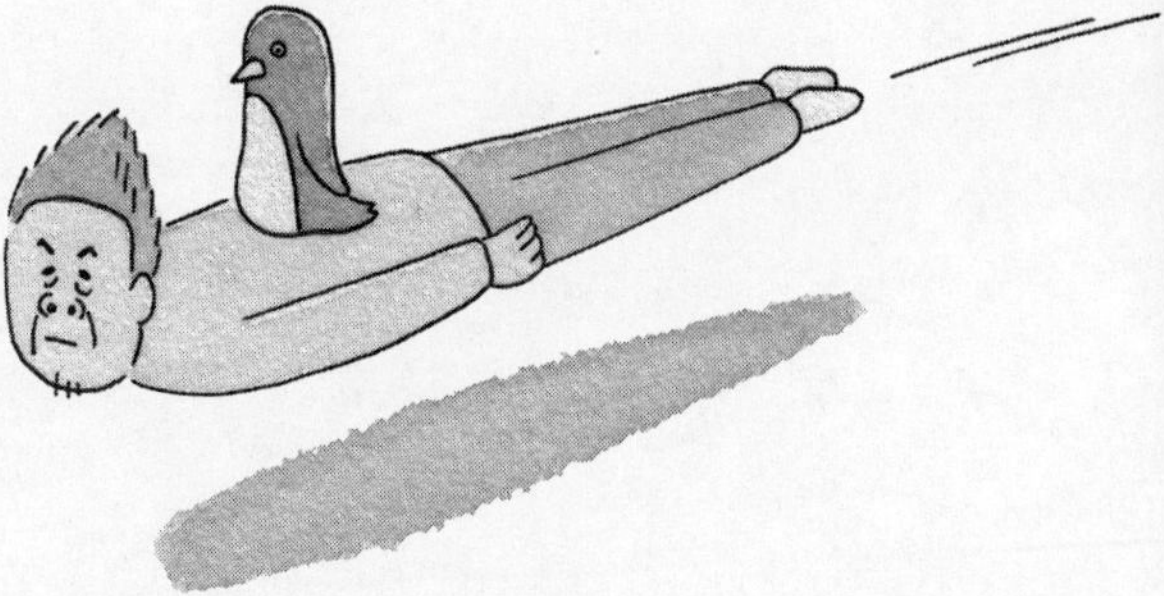

第3章

ドライブ・マイ・カー　1980―1988

『TOKIO』が開いた80年代の扉。

ぼくの看板をつくってくれた曲

ぼくの友人でもある燃え殻さんという方が、2017年に『ボクたちはみんな大人になれなかった』という小説でデビューしました。ずっとテレビの裏方として、美術制作かなにかのお仕事をされてきた彼が、40歳を過ぎてはじめての小説を書いて、急に脚光を浴びた。それはもう、人生が変わっちゃったと言ってもいい出来事だったと思います。

その本を読んだぼくは自分を重ねるようにして、ほぼ日の「今日のダーリン」に、こんな文章を書きました。

「1980年のはじまったばかりのときに、新宿の怪しげな風俗営業の店の、外の雑踏に向けたスピーカーから、沢田研二の歌う『TOKIO』が流れ出したのを聞いて、『もしかしたら、ぼくの人生が変わるのかもしれない』と、31歳だったぼくは胸騒ぎを感じた。変わるのなら、変わってみたい。そのままでも、わるくはなかったのだけれど。そう考えた日のことを、ちょっと思い出している」

たぶん、『TOKIO』という曲を作詞させてもらったことで、ぼくの人生は変わったんですよね。それまでは広告や出版業界の、感度のいい人たちだけに知られていた「糸井重里」が、たくさんの人に知られるようになって、テレビやメジャーな雑誌なんかからもお呼ばれするようになった。いわば「糸井重里」の看板をつくってくれた曲ですよ、『TOKIO』は。

広告と作詞の違いはどこにあるか

もともと『TOKIO』は、アルバムのタイトルと収録曲ぜんぶのタイトルを考えてくれ、というちょっと変わったオファーだったんです。仕掛け人は、音楽プロデューサーの木崎賢治さん。『成りあがり』だったのか、ほかの場所だったのか、どこかでぼくの仕事を見て、こいつはおもしろいと思ってくれたんでしょうね。

それで10曲ぶんのタイトルを出したら、「シングルカットする『TOKIO』に関しては、きみが作詞もやってくれ」と言われました。ぼくからすると「えっ、ぼくでいいんですか!?」ですよ。できるとかできないとかを考えるよりも先に、うれしかった。

このときの『TOKIO』にかぎらず、ぼくのなかで作詞と広告はぜんぜん違う作業です。

広告のコピーは、光でいうと「反射光」。つまり、1枚のポスターのなかに商品や人や風景があって、そこにリフレクトさせることばとしてコピーがある。ことばだけでは存在しないし、お客さんにダイレクトなかたちで届けることばではない。どちらかというと「概念」に近いことばと言えます。

一方で歌詞は、もっとダイレクトですよね。ことばそのもので、より直接的にお客さんを喜ばせたい。なにかに反射させるんじゃなく、人間の声で届けたい。

だから『TOKIO』の場合、タイトルを考えたのは「コピーライターの糸井重里」であり、これは反射光のことばです。そして、そのコピーライターが「作詞家の糸井重里」に歌詞を発注した、みたいなイメージといえばいいのかな。CMソングのほとんどもそう。まずはコピーライター兼プロデューサーの自分が全体のコンセプトを考えて、作詞家の自分に歌詞を発注する。そこの切り替えは、割合うまくできますね。

作詞家としては、いまも現役のつもり

じゃあ、コピーライターとしてのぼくは、どこから『TOKIO』というタイトルを持ってきたのか。

根っこにあるコンセプトは、「東京はすごい都市なんだ」ですよ。

当時、ほとんどの日本人は、ニューヨークやロンドン、パリへのあこがれが強くて、東京はダサい街だと思っていました。東京銀行とか東京海上みたいな名前が、どこか野暮ったいものとして響いていたんです。でもぼくは、自分の事務所も「東京糸井重里事務所」にしていたくらい東京が好きだったし、東京にあこがれていた田舎者の自分を忘れたくなかった。だから「東京はすごいんだぞ」を言いたくてしょうがなかったんですね。時代的に「もう言ってもいいんじゃないか」の気持ちも強かったですし。

それでふと思い出したのが、フランスのシャルル・ド・ゴール空港です。以前、パリ経由で東京に帰るとき、空港の出発案内板に「ＴＯＫＩＯ」と書いてあるのを見かけたんですね。同行の人に聞いたらラテン語系の国ではそう表記するんだよ、みたいなことを教えられて。「へぇ〜、なんだかかっこいいなあ」なんて感心した、その場面を急に思い出しました。

漢字で「東京」と表記したら、どうしても東京銀行みたいな、演歌っぽいイメージになっちゃう。かといって「ＴＯＫＹＯ」と表記するのもありふれていて、ちょっとダサい。でも「ＴＯＫＩＯ」は別だ。これだったら大丈夫だぞって。

そして作詞家としての自分は、完全に映像ありきでしたね。

もともとぼくは、野球場のかたちが大好きなんです。ほら、野球のスタジアムってなんだか、お誕生日のデコレーションケーキみたいなかたちをしているでしょ？ それで以前、湯村輝彦さんにイラストを描いてもらったことがあるんですよ。デコレーションケーキになった野球場が、ビカビカ光りながら夜空に浮かんでいるイラストを。

あのイメージを歌にしたいなぁ、と書きはじめたんですが、考えてみたらことばの世界ではなにを飛ばしたって自由なんですよね。野球場が飛んでも、車が飛んでも、ビルが飛んでもかまわない。だったらいっそ、東京の街を丸ごと飛ばしちゃえ、となってできたのが「ＴＯＫＩＯが空を飛ぶ」というサビのフレーズでした。そこさえ決まっちゃえば、あとは自然にできていった感じだったな。

広告はもう違うけれど、作詞についてはいまでも現役のつもりでいます。それはやっぱり、アッコちゃん（矢野顕子）の存在がおおきいです。彼女がいてくれるかぎり、ぼくも現役の人間として詞を書きたがるんじゃないでしょうか。

けっきょく『ＴＯＫＩＯ』は、アルバムの発売が１９７９年の暮れ（11月25日）で、シングルカットされたのが１９８０年の1月1日だったんですよ。ぼくも最近になって、あらためて知ったことなんですけど。80年代が自分の看板をつくったあの歌からはじまったというのは、ぼくにとって象徴的な出来事だったような気がしますね。

ぼくにとっての「広告のクリエイティブ」。

広告のおもしろさとは

もしも好きか嫌いかで答えるなら、ぼくはいまでも広告が好きですよ。

ぼくは広告を辞めた先にあるものとして「ほぼ日」という場をつくったわけだけど、それは広告が嫌いになったからじゃない。あの「広がり」のありかたは、ほかにはない愉快さがあると思います。

たとえば、みなさんがよく話題にしてくださる西武百貨店の「おいしい生活。」だって、ウッディ・アレンが出演したテレビコマーシャルを実際に見た人は、ほとんどいないんじゃないかと思います。朝の時間にほんのちょっと放映されただけですから。それでもみんなが知っていたり、見たつもりになっている。インターネットやユーチューブがない時代にね。考えてみると、不思議な「広がり」でしょ？

あるいは、テレビコマーシャルで流れた歌がヒットソングになったり、無名だったタレントさんが引っぱりだこになったり、そこからあたらしいなにかが生まれたりする。

そういう「広がり」というか、広告というものの根っこにある「いままで出合えていなかったお客さんと出合いたい」が実現していく姿は、やっぱり愉快ですよ。ときどき「広告仕事は制約が多くておもしろくない、ほんとうのクリエイティブじゃない」みたいな声を聞きますけど、それはまったく違いますね。

ぼくが広告から離れた理由

だから20代から30代くらいのころは、仲畑貴志くん（代表作「おしりだって、洗ってほしい。」「ココロも満タンに」など）なんかと、よく広告論を語り合っていました。コピーライターとしてはライバルでもあるんだけれど、ライバルよりも先に友だちでしたからね。バンドマンの人たちが音楽を語り合うように広告を語って、女の子の話に移ったかと思えば、また広告に戻って。

あとは流行りはじめたばかりのインベーダーゲームが置いてあるお店を求めて、ふたりで深夜の街を徘徊したり、バンドの真似ごとをしたり、一緒にバイクで出かけたり。ぼくと仲畑くんって、性格的には水と油なんだけれど、そういう「人の心を捕まえて離さないもの」に対するフィールドワークの貪欲さは、ものすごく一致していました。

じゃあ、当時ほかのコピーライター仲間とたくさん遊んでいたかというと、そうでもないんです。これは冷たい言いかたに聞こえるかもしれないけれど、ぼくが一緒にいたいクリエイターは、基本的に「おれよりもすごい」とか「この点については、おれよりもすごい」と思える人。そうじゃないクリエイティブ同士がつるんでも、いいことは少ないと思います。

だから代理店でいうと、営業の人たちと遊ぶことのほうが多かったです。やっぱり営業って、勝ち負けのはっきりした世界でしのぎを削っているわけですから、おもしろい人が多いですよ。

ぼくが広告の仕事から離れるようになったきっかけは、バブルが弾けたあと、プレゼンで負ける回数が増えていったから。こちらの提案内容が悪くて負けるんなら納得できるんだけど、たとえば「あっちの代理店があのタレントさんを押さえたから」とか、そんな理由でひっくり返ることが増えてきた。そして最終的には「いま、これが売れています」がいちばん強いコピーになっていった。

ぼくらの感覚からすると「有名なタレントさんを使って売りましょう」なんていうのは、ダメな代理店の、力のないクリエイティブがやることなんです。なにもないところから、オルタナティブなアイデアで、あたらしい価値を生み出すことがクリエイティブだと思っていましたから。

ただ、そこで「おれたちの時代の広告は」とか「最近の広告業界はけしからん」とか言い出すのは、「むかし売れていたおじさん」としていちばんタチが悪いことですよね。だから広告を離れて、ほぼ日に移っていったんです。

技術よりも大切な「うれしさ」

けっきょく、70年代の後半から80年代は「イトイが流行っていた」時代だったんですよね。いい気にもなっていたし、世のなかに必要とされているような感覚も持っていたけれど、いまになって考えれば、それは流行でしかなかった。広告でもテレビでも雑誌でも、「イトイを使っておけば、いまっぽく見える」という時代があったという、それだけのことだと思います。

コピーライターという肩書きから、ぼくはいまでも「なにかうまいことを言う人」のように見られることがあります。そして実際、世間で評価されるコピーライターのなかには「うまいこと」を言おうとしている人も多い。でもぼくは、ことばの技術におぼれることだけはしないでおこうと決めていました。

たとえば、ぼくがコピーに求めていたのは「うまい」じゃなくって、「うれしい」なんです。ぼくはお酒が飲めないし、酒飲みの気持ちもわかりません。でも、それとお酒の広告をつくることとは、まったく関係ありませんでした。お酒の広告をつくるとき、「なぜ人はお酒を飲むのか?」を考えたって、ぼくにはわかりっこない。でも、「なぜ人はこれを買うのか?」だったら理解できる。そしてそれは、商品や広告に「うれしい」が入ったときなんですよ。ことばの技術じゃないんです、その「うれしい」をつくるのは。むしろイラストレーションに近い、感覚的なよろこびなんです。

その証拠というわけじゃないけれど、ぼくは80年代当時、世間の人が思うほどには稼いでいませんでした。ギャラは先方の言い値ばかりだったし、ちゃんとお金の話をするのは税理士さんと年に1回だけ。しかも10分とか15分とかで「もういいですか？」と切り上げていました。

お金が嫌いだったわけではありません。

むしろ逆で、「お金にものすごく興味がある自分」を知っていたから、お金を見ないようにしていた。もしも自分がお金のことをしっかり学んだら、間違いなく「稼ぐこと」を目的に仕事をすると思っていましたから。

もしも稼ごうとしたら、もう『ガロ』みたいな仕事は辞めちゃいますよね。ほかの「ヘンタイよいこ新聞」だとか「萬流コピー塾」みたいな雑誌連載も辞めるだろうし、テレビの仕事も辞めちゃうでしょう。でっかい広告だけに専念して、貪欲に稼いでいったでしょう。

それはぼくにとって、クリエイティブの喪失なんです。「本業じゃないこと」を辞めてしまったら、自分がこれまでやってきたことの根幹がブレてしまう。だから、お金を見ないようにしていた。ぼくのクリエイティブは「本業じゃないこと」が育てくれたとも言えるし、そこがおもしろがられた結果、「イトイが流行っている」状況になったんじゃないかと思います。

まあ、おかげでずいぶんとふざけた人間に見えたと思いますけどね。

一生忘れられない、堤清二さんの激昂。

機内食が生んだ「おいしい生活。」

ぼくの書いてきたコピーのなかで、いちばん有名なものといえばやはり西武百貨店の「おいしい生活。」なのでしょうね。1982年の広告ですから、ずいぶんむかしの仕事なんだけれど、いまでもよく話題に取り上げていただいています。

あのコピーは、国際線の飛行機で考えついたんですよ。その前年、ぼくは西武百貨店で「不思議、大好き。」というコピーをつくっていました。それで「不思議といえば七不思議、エジプトのピラミッドだ！」とエジプトロケを敢行したんだけど、とにかくフライト時間が長い。そして機内食がまずい。しかも降りることができないでしょ？　もう「なにも贅沢は言わないから、お茶漬けでもいいから出してくれ！」っていうくらい、うんざりしていました。

そのとき急に浮かんだのが、このことばです。それこそ映画の登場人物みたいにペーパーナプキンに書きとめました。手応えは、最初からありましたね。「おれはもう、これ以上のコピーは書けないんじゃないか」とさえ思いましたから。

1980年の「じぶん、新発見。」からはじまる西武百貨店の年間広告シリーズは、ぼくを有名にもしてくれましたし、たくさんのことを学ばせてくれました。いま振り返ってみると、やっぱり西武流通グループ（後のセゾングループ）の代表だった堤清二さんから学んだことが多かったですね。きっと功罪いろんな評価がある方だろうし、その列に加わってなにかを言うつもりもないけれど、あのとき堤さんと一緒にお仕事をすることができて、ほんとうによかったと思っています。

堤さんとの関係でうれしかったのは、「真剣に耳を傾けてくれること」。

だって、まだ30歳そこそこで普段着のぼくが、おおきな会議室で靴を脱いで、椅子の上にお猿さんみたいな格好でしゃがみ込んでいるんですよ。それでタバコをぷかぷかふかしながら、堤さんやスーツ姿の幹部の人たちに向かって、生意気なことを言っているんですよ。

それでもちゃんと耳を傾けてくれるし、一緒になって考えてくれる。作家（筆名・辻井喬）でもあった方だから、雑談の流れから「あの本は読まれましたか？」みたいな話になったりね。「経営の世界にも、こんなおとなの人がいるんだ」と驚きました。そして「広告は経営の一部なんだ」と教えてくれたのも堤さんですし、いちばん責任のある人が広告を真剣に考えることの大切さを教えてくれたのも堤さんです。

ほかにもたくさんの広告をやっていましたけど、あの規模の企業で経営トップと直接やりとりできたのは、堤さんだけじゃなかったかな。

没コピーと企画会議の思い出

堤さんとの印象的な思い出でいうと、有名な西武百貨店のシリーズとは別に日本経済新聞紙上でやっていた、西武流通グループの企業広告（1980年1月〜1981年12月）ですね。しかもそこで、没になったコピーの話です。

当時の一般的な企業では、女性社員が結婚すると「寿退社」というかたちで退職することが、半ば当たり前のようになっていました。ましてや、子どもが生まれるとなれば出産・育児に専念するため、退職する。働く女性が、会社を辞めて「お母さん」になっていく。それが当然だし、喜ばしいこととして祝福されていました。ウーマンリブの1970年代を経て、いろんなところで「女の時代」が語られながら、まだそんな時代が続いていたんです。

そうしたなか、西武流通グループでは「ライセンス制度」というあたらしい人事システムを創設することになりました。結婚、出産、育児で退職した女性社員の職場復帰を全面的にバックアップする、当時としてはかなり画期的な制度です。

現場レベルの打ち合わせで「次の企業広告では、このライセンス制度を紹介しよう」という話になりました。

広告に使う写真は、ライセンス制度を使って寿退社した第一号社員の花嫁姿。

そしてぼくは、その写真に「人材、嫁ぐ。」というコピーを書きました。

わたしたちの会社（西武流通グループ）では、女性が「おんなのこ」としてではなく、能力と人格をともなった「人材」として働いている。その大切な人材である女性社員が嫁いで（つまり退社して）しまうことは、とても惜しい。なんだったら嫁いでほしくないくらい、あなたのことを大切に思っている。だからこそわたしたちは、こういう制度を創設することにした。大切な人材であるあなたに、いつでも戻ってきてほしい。

説明すると野暮になりますが、そんな意味を込めたコピーでした。もちろん長めにつけたボディコピー（キャッチコピーの補足となるコピー）には、そのあたりの思いもしっかりと書いています。現場の人たちにも大好評で、ぼくはいつものように、意気揚々と堤さんへのプレゼンに臨みました。

経営者・堤清二から学んだこと

黙ってプレゼンを聞き終えた堤さんは、ぼくのほうを見ることなく、幹部社員の人たちに向かって静かに口を開きました。

「女性が結婚をするとか、出産するということは、その人の人生にとって、もっとも大切なことですよね？」

ことばは丁寧ですが、堤さんは怒っているときほど、ことばが丁寧になります。

「その女性は、ひとりの個人として、結婚という大切な人生の門出を迎えたんですよね？」

そうです、としか言えません。

「もっとも喜びに満ちた、ひとりの女性の、大切な人生のイベントを……仕事が大好きで生産性やら効率やらのことばかり考えている西武百貨店のお偉い方々は、『ああ、役立つ人材が嫁いでいく』というふうに見ているんですか？　ひとりの人間として祝福されるべき結婚式の花嫁姿を目にして、『人材が嫁ぐ』と考えているんですか？」

語調は、だんだんと激しくなっていきました。

「こんな企業の論理を、女性たちに押し付けるようなことが、ぼくらのやりたかったことなんですか！」

ぼくの書いたコピーで、社員の方々が濡れ衣を着せられているような気がして「書いたのはぼくなので、いちおう説明させていただきますが……」とことばを継いだのですが、どんなことを言ったのかもおぼえていないし、なにかが言えたはずもありません。もう、完全に打ちのめされましたね。

ほぼ日をつくってからのぼくは、「効率」や「生産性」、あるいは「優秀な人材」といったことばに、一定の距離を置きながら組織づくりを進めてきました。ぼくなりに「ひとりの人間としてのわたし」を大切にする組織をつくってきたつもりです。どんなに経営が苦しいときでもそう考えることができる自分がいたのは、あの会議のおかげだと思っています。一生忘れることのできない会議ですね。

コピーライター糸井重里という「流行」。

「役にも立たない町の知性」を求めて

のちに「ほぼ日刊イトイ新聞」をつくったとき、コピーライターとしての経験がどれだけ役に立ったのかは、正直わからないですね。もちろんつながってはいるんだけれど、広告から離れるためにつくった場所ですから、直接的な関係は薄いのかもしれません。

むしろ、ほぼ日にいちばんつながった仕事といえば、80年代に雑誌『ビックリハウス』で連載していた「ヘンタイよいこ新聞」や、『週刊文春』で連載していた「萬流コピー塾」でしょう。あとは、NHK教育テレビ（現・Eテレ）のトーク番組『YOU』もそうなのかな。

「ヘンタイよいこ新聞」も「萬流コピー塾」も、読者投稿型の連載です。これは当時から割と意識していたことでもあって、ぼくは「自分から発するもの」をあまり持っていないんですよ。

広告におけるクリエイティブの基礎にあるのは、「代弁」です。

企業や商品やサービスを、「わたし」というフィルターを通して代弁することが、コピーライターの仕事です。

そこに「わたし」がいないと、代弁がただの機能になっちゃう。でも、フィルターである糸井重里という人間が、なにかを訴えたいわけではない。

だからぼくは、自分がマイクを持ってなにかを叫ぶよりも「場」や「ステージ」のような存在でありたいと、いつも思っているんです。

ほぼ日は、まさに「場」ですよね。そして「ヘンタイよいこ新聞」も「萬流コピー塾」も、同じく読者投稿で「みんなが集まる場」でしたよね。もっと言えば、子どものころに友だちと遊んでいたのだって、その「場」や「空間」がたのしかった。なにも変わっていないんです、そういう意味では。

付け加えるとぼくは、「役にも立たない町の知性」が大好きなんです。

ぼくにとって、相手の年齢だとか、肩書きだとか、経歴だとか、そんなものはなんの意味も持たない。インターネットに夢中になったときだって、ツイッターに夢中になったときだって、触れていたのはいつでも「役にも立たない町の知性」でした。一流でも三流でも、プロでもアマチュアでも、おもしろいものはおもしろいですから。

だから「ヘンタイよいこ新聞」も「萬流コピー塾」もたのしかったですね。おもしろい町の知性が、そこらじゅうに転がっていましたよ。

好きだけど辞めたかった『YOU』

当時の仕事で特徴的なところがあったとすれば、ぼくがラジオではなく雑誌というメディアに「場」をつくったところでしょうか。

よく「ぼくは誰それの『オールナイトニッポン』を聴いて育ったんです」みたいな話を聞くじゃないですか。ぼくの場合、そう言われる場所が雑誌だった。あるいは、のちの『MOTHER』だった。

じつは一度、ラジオで失敗しているんです。当時少しだけFM局の番組をやったことがあるんですけど、放送作家さんとソリが合わなくてね。そもそも、毎週決まった時間にラジオ局に行って、打ち合わせをして、進行どおりに収録する、という流れが大の苦手で。いまでも「段取り」はいちばんの不得意分野ですよ。

だからほんとうは、NHK教育でやっていた『YOU』も断りたかったんです。ただし、あっちは月に一回『YOU OSAKA』として大阪のスタジオで笑福亭鶴瓶さん（最初期は作曲家の梅谷忠洋さん）が司会することになっていましたからね。それだったらいいかと思って引き受けましたけど、いつも「もう辞めたい。

もう辞めたい」と言っていた気がします。もちろんやってよかったですし、おもしろかったんだけれど、辞めたかった。だって本番中、台本を見ながら「えーと、次はこういう話らしいです」なんて進行をしていたくらい、段取りが苦手なんですから。陰でずいぶん怒られていたらしいですね。

若者の教祖と呼ばれて

そのころになるとコピーライターという職業にも注目が集まって、テレビや雑誌でのぼくをおもしろがってくれる人も増えてきて、それこそ「イトイが流行っている」の状態になりました。

いま、当時の写真を見るとびっくりしますね。「こんなにふざけたやつと、みんな付き合ってくれていたのか！」って。そこはほんとうに驚くし、ありがたいし、ちょっと信じられない気持ちです。「こんなやつ、おれだったらぜったいに信用しないぞ」と自分で思いますから。

それでメディアから「若者の教祖だ」とおだてられることもありましたけど、本人にその意識はないですよ。萬流コピー塾で「家元」を名乗っていたのも、そういうニセモノの権威をつけたゲームにしないと成立しない場所だったからだし、そこは当時「コピー1行1000万（円）」とうそぶいていたのも、同じ種類の冗談ですよね。

あれはもともと「糸井重里はコピー1行100万円だとうそぶいているらしい」という噂が流れて、「おいおい、うそぶくにしては安すぎるだろう！」と怒って自分で一桁足したんです。「うそぶくってのは、こういうことだ」って。いま考えても「コピー1行1000万」のほうがいいコピーですよね。

けっきょく、自分の世界というのは「普段なにを見ているか」や「普段誰と会っているか」によって決まってくるものだと思います。

それでいうとぼくは「教祖として若者と会う」なんて時間は、ほとんど持っていませんでした。そこが教祖っぽくなっていく人との分かれ道じゃないでしょうか。ぼくが毎日顔を合わせていたのは、仕事関係の人たちか遊び仲間。南伸坊がいる『ガロ』の編集部に遊びに行ったり、四谷にあった「ホワイト」というスナックに夜な夜な集まったり。

ホワイトはたのしかったですね。ジャズピアニストの山下洋輔さん、タモリさん、作家で編集者の村松友視さん、漫画家の上村一夫さん、あとはクマちゃん（篠原勝之）、（南）伸坊、仲畑貴志くん。とにかくいろんな人が集まってくるんです。少し遅れて、（ビート）たけしさんがやってきたり。お酒も飲めないくせに、毎晩のように通っていました。永ちゃんの後楽園球場コンサートの二次会も、たしかホワイトだったと思いますよ。

それでお店に集まるみんなが、もうロケットみたいにびゅんびゅん飛び立って、あっという間に有名になっていくんです。いるだけでおもしろいし、刺激だらけですよ、その空間は。あそこにいて自分を「若者の教祖」と思える人は、いなかったんじゃないかな。

「なりたい人」としての吉本隆明さん。

よくわからなかった吉本隆明

吉本隆明さんの存在をはじめて知ったのは、高校生のころ。映画研究会の友だちに感化されて『芸術的抵抗と挫折』（1959年）を読んだのがはじまりです。友だちはみんな、吉本さんと花田清輝（評論家）さんのあいだで起こった、いわゆる「吉本花田論争」（戦争責任や政治、芸術運動などをめぐる論争）について議論を交わしたりしていました。だけど、正直ぼくには吉本さんがむずかしすぎて、よくわからなかった。北杜夫さんの『どくとるマンボウ』シリーズが愛読書の高校生ですから。

大学に入ってからも、吉本さんよりは埴谷雄高さんの本に手を伸ばしていましたっけね。三遊亭圓生さんみたいな風貌で、どこか洒落た感じがあるんですよ、埴谷さんは。まあ、本のタイトルもかっこいいし、本棚に入れておくだけの学生なんですけれど。

一方で吉本さんについては、ぼんやりと「すごい人」としてあたまの引き出しに入れてあったという感じでした。

「また晴れた日に会いましょう」

それからしばらく経って『マス・イメージ論』（１９８４年）という本あたりから、吉本さんがぼくに言及してくださるようになりました。「うわっ、あのヨシモトリュウメイの本に自分の名前が！」って、最初はびっくりしましたね。そこから共同通信にいた石森洋さんという方が、新年号の企画として吉本さんとぼくの対談を提案してくださったんです。もちろんぼくはお会いしてみたかったんですけど、どうも吉本さんの感触がよくないらしいんですね。「それはいいことだけれど、よくない」みたいな、よくわからないお返事で。それでまあ、なにはともあれ一度お会いしましょう、ということで下町のバーで落ち合うことになりました。

ぼくにとっての吉本さんは、とにかく「すごい人」。まさに巨人で、気持ちとしては鎌倉の大仏を拝みに行くような感じです。どんなにおおきなものだろう、って見上げる気が満々でした。ところが実際に会ってみると、見上げようとしていたぼく以上に腰が低いんです。自分をおおきく見せようとするところがひとつもなくて、ぼくよりずっと低い視線で接してくださる。もう「どうしよう?」っていうくらい低い。

そしてそろそろ話が終わるというところに、吉本さんが「これは掲載しないほうがいい」と言い出しました。当時の吉本さんは『「反核」異論』(1983年)という本をきっかけに、メディアや論壇から大バッシングを受けていたんですね。あらゆる方面から不倶戴天の敵とされていて、吉本さんと仲良くしているだけで「お前も吉本の仲間か!」と攻撃されかねないくらいの時期でした。それで吉本さんが言うわけです。

「いまは逆風がひどくて、非常に天候が悪いです。こういう時期にぼくなんかとしゃべっていると、糸井さんにご迷惑がかかります。それは、これからの糸井さんがやりたいことをやっていく上で、いいことはあまりないですから」

ぼくの気持ちとしては、たとえ「吉本派」と見られてバッシングされたってぜんぜんかまわないんだけれど、とにかく吉本さんが譲らないし、そこは尊重するしかない。

どこか残念な気持ちを抱えたままお店を出るとき、吉本さんがこう言いました。

「また晴れた日に会いましょう」

詩人だなあ、と思いましたね。つまり、いまはひどい暴風雨に襲われているけれど、雨雲が晴れたころにまた会ってお話ししましょう、と。

その視線の低さもあわせて、いっぺんでファンになりました。そこから吉本さんのご自宅をしばしば訪ね、いわば門前の小僧のように話を聞きに行くようになりました。仰ぎ見るような「師」ではなく、「近所にいる、宝物のような普通のおじさん」として、話を聞いていたんです。

はじめて出合った「なりたい人」

ぼくが初対面で吉本さんのファンになったのは、その思想というよりも、人としての「居方」ですよね。こんなふうに居られる人がいるんだ、ということに驚いたし、できることなら自分もこうなりたいと思ったんです。

１９７０年代のヒッピー文化のなかに生きてきたぼくは、心のどこかにずっと「まだ『こうなりたい』と決めたくない」「まだ『これがおれの道だ』と言いたくない」みたいな思いがありました。

でも、吉本さんに会ってはじめて「こうなりたい」が見えたというか、しっかりと言えるようになった気がします。あとはやっぱり、巨人軍の藤田元司（元巨人軍監督）さんでしょうね、人としての「居方」にあこがれたのは。藤田さんも、素敵だったなあ。

だから、いま会社のなかでぼくがしゃべっていることも、半分くらいは吉本さんから教えられたことですよ。たとえば吉本さんがよくおっしゃっていた「なにか善いことをしているときは、ちょっと悪いことをしている、と思うくらいがちょうどいい」ということばなんかは、たぶんほぼ日の社内にいるみんなが知っているし、心に留めているはずです。とくに東日本大震災まわりのプロジェクトを進めているときは、なおさら意識してくれていたと思います。あるいは、ことば以外の「ここまでは、やってもいい」とか「ここから先は、やっちゃダメだ」というような境界線も、吉本さんと接するなかで、知らず識らずのうちに度量衡のようなものがつくられていきました。

いま、ほぼ日のなかには吉本さんの講演183本が無料で聴けるよう、フリーアーカイブ化（「吉本隆明の183講演」）されています。ほかにも、吉本さんにぼくが話を伺ったコンテンツがいろいろと残っていますので、ぜひたくさんの方々に触れてほしいですね。親鸞の教えが弟子の唯円による『歎異抄』で伝えられているように、吉本さんの思想や人としての居方も、ご本人の著書だけではない、いろんなかたちで残っていくものじゃないかと思っています。

第4章

スターティング・オーヴァー　1989—2010

ゲームであり純文学でもあった『ＭＯＴＨＥＲ』。

ドラゴンクエストの衝撃と嫉妬

ロールプレイングゲームの『ＭＯＴＨＥＲ』をつくろうと思ったきっかけは、完全に『ドラゴンクエスト』です。

もともとインベーダーの時代からゲームは好きでしたし、『スーパーマリオブラザーズ』や『ドンキーコング』なんかのファミコンソフトも、人並み以上にやっていました。

でも、『ドラゴンクエスト』については、発売されてすぐに飛びついたわけじゃないんですよ。前に一度、アメリカから輸入された黎明期のロールプレイングゲームを紹介されたことがあったんだけど、あまりおもしろいとは思えなかったんですね。なのでドラクエも、最初は敬遠していたんです。

ところが——たぶん、ほんとうに暇だったんでしょうね——ある日、なんとなくドラクエをやってみたら、一気にハマっちゃった。そこからはもう、仕事中もゲームのことばかりが気になるし、遊びの誘いもぜんぶ断って、とにかく急いで仕事を切り上げる毎日です。一目散に帰って、テレビとファミコンの電源を入れる。すると、そこには「ぼうけん」が待っている。あの興奮は、推理小説でも経験したことがなかったですね。日常の世界と「ぼうけんの世界」と、ふたつの世界に生きている感覚でした。

それで当然「どうしてこんなにおもしろいんだろう?」と考えるわけです。これはクリエイターとしての嫉妬ですよ。ドラクエをつくった人たちに嫉妬するんじゃなくって、ドラクエというコンテンツそのものに「おれをこんなに夢中にさせやがって」と嫉妬している。世間ではストーリーがいいんだとか、主人公の成長がおもしろいんだとか、いろんなことを言う人がいたけれど、それだけじゃないし、物語はそんなに重要じゃない。ぼくがいちばんおもしろいと思ったのは、ゲームのなかで交わされる「ことば」でした。

ゲームに見た「ことば」の可能性

たとえば小説というコンテンツだと、複雑な設定とストーリーがあって、これ以上ないってくらいに磨き抜かれた、レトリックだらけのことばに乗せて、愛だの恋だのを語るわけでしょう。それはそれですごいんだけれど、ちょっと食傷気味というか、疲れちゃうところがある。ところがゲームのなかでは、ドット絵のお姫さまが「あいしています」とかを言うだけで、胸にずーんとくるんです。そのことばの粗雑さが、かえって心を動かすんです。

構造としては、貸本漫画の劇画が出てきたときとか、それこそ永ちゃんがキャロルで登場したときとかと同じですよね。シンプルで、洗練とはかけ離れたところにある原始の表現が、魂をぜんぶかっさらっていく。ただ、キャロルのときと違ったのは、嫉妬したり、あこがれたりするだけじゃなくって、「おれもこの空間で勝負してみたい！」と思ったこと。「こういうことばが使える場所だったら、まったくあたらしい表現ができるはずだ」と直感しました。要するに、あの粗雑な「あいしています」を、おれも言ってみたいと思ったんですよ。

たとえば1作目の『MOTHER』には、主人公の男の子が女の子とダンスをするシーンがあります。

物語の終盤、山小屋のなかで女の子とふたりきりになって、彼女から「そばにいて」と言われる。「はい」を選ぶと、「しずかね。おどりましょ?」と誘われて一緒にダンスする。ダンスが終わると「わたしのことすき?」と訊かれる。そこで「はい」を選ぶと、女の子がひと言「よかった」とつぶやく。

ことばのやりとりとしては、たったこれだけのことなんだけれど、たぶんプレイヤーの人たちはね、じーんとしてくれるんですよ。書いているぼくでさえ、そうでしたから。こんな表現、小説ではぜったいにありえないことですよね。

ぼくが綴った『MOTHER』という手紙

だから現代物のストーリーにすることは、最初から決めていました。いわゆる「剣と魔法でドラゴンを倒す」一式の物語には、ぼくの動機が入っていません。動機を借りものの設定に譲り渡してしまったら、なにも表現できなくなる。「あいしています」

が、ただの情報になってしまう。

じゃあ、ぼくの動機はなんだったのか。いまだから言える話ですがこれは、当時離れて暮らしていた小学生の娘です。

『MOTHER』の主人公のお父さんは、単身赴任なんです。姿は見えないけれど、いつもどこかから電話がかかってくる。お金を振り込んで、応援してくれる。ゲームを保存(セーブ)するときはいつも、お父さんに電話をかける。もちろんプレイヤーの人たちにはそんなこと関係なしに遊んでもらうのだけれど、ぼく個人としては娘に対する「離れて暮らしているけれど、お父さんはいつも思っているんだよ」の手紙が、あのお父さんであり、『MOTHER』というゲームなんです。

でもね。『MOTHER』の主人公はうちの娘なのかというと、それは違います。野球が大好きで、喘息持ちで、発作が起こるとしばらく動けなくなる。戦闘中にホームシックになったり、ばかにされて傷ついたりする。そしてお父さんから仕送りを受けて、旅を続けている。……これ、半分以上ぼくですよね。『MOTHER』のお父さんは、ぼくでもあるし、うちの父親でもあるし、たぶん世のなかのいろんな父親なんですよ。タイトルはもちろん、ぼくが抱きしめたかった母親のことでもあるし。

それから『MOTHER2』で人気になった「どせいさん」というキャラクターは、無垢の象徴です。それは湯村輝彦さんと一緒にやった『情熱のペンギンごはん』のペンギンと同じですね。社会的には舐められているけれど、じつはすごいんだぞ、っていう。『MOTHER』シリーズのキャラクターは、そんなのばっかりですよ。ほんとうに強い人はひとりもいないし、弱さゆえにズルいことをやっちゃう人もたくさんいるし。「弱きものこそ」みたいな気持ちは、ずっと変わらないですね。

いまでも『MOTHER』シリーズについては、いろんな人が「ぼくは『MOTHER』で育ったんです」と声をかけてくれたり、「あの場面の、このセリフが大好きなんです」とセリフを諳んじてくれたり、ほんとうにありがたい場面に遭遇します。これ、たぶんみなさんが思っている以上に、うれしいことなんですよ。それはコピーをほめられるよりも、ずっと。

コピーをつくるときって、長い時間をかけて考えながらも、最後の最後には理屈を超えた「ひらめき」や「跳躍」が大切なんですね。たとえるなら、結論の部分だけが空欄になった企画書の、最後の空欄を埋めることがコピーライターの仕事ですから。

それに比べてゲームづくりは、ひらめきを大切にしながらも、じっと我慢してたくさんのレンガを積み上げていかなきゃいけない。ひらめきにまかせて、やりたいことを詰め込むだけだと、わかりやすく破綻しちゃう。子育てとか、野球のペナントレースとか、会社の組織づくりみたいな「我慢」が問われる作業なんです。

だからこそ、『MOTHER』をよろこんでもらえることは、ほんとうにうれしい。こんなふうに残っている仕事は、ほかにないですよ。ぼくのやってきた仕事のなかでは、ほとんど唯一っていうくらい純文学に近いものじゃないかな。そのせいか1作目の『MOTHER』では、広告用のコピーを自分で書くことができなくって、一倉宏さんにお願いしましたから。

インターネットに見た可能性。

49歳、パソコンをはじめる

『MOTHER』シリーズをやっていましたから、パソコンの達人みたいな人はまわりにたくさんいました。仕事場に行けば、パソコンもたくさん転がっていました。それでも自分がやろうとは思いませんでしたね。

シミュレーションゲームの『信長の野望』がやりたくて1台買ったことがありましたけど、気持ちとしてはゲーム機として買っただけだし、まったく長続きしません。のちに岩田聡さんから手取り足取り教えてもらったときでさえ、「あんまり、おもしろいものじゃないねえ」なんて失礼なことを言って、放置していたくらいです。まわりの若い友人たちは「岩田さんにパソコンを教えてもらうなんて、イチローからバッティングを教えてもらうようなものですよ」とうらやましがっていましたが、しょうがないんです、それは。

そんなぼくがパソコンと真剣に向き合うようになったのは1997年、インターネットに出合ってからのことです。

サッカーのワールドカップ予選が真っ盛りのとき、ゲーム会社の仲間が熱心にパソコン画面を眺めていました。「なに見てんの?」って後ろから覗かせてもらったら、それはみんながサッカー日本代表について語り合っている掲示板でした。

見ると、「相手チームの誰々が怪我をしたというニュースが流れたけど、きょう練習場を見に行ったら右足でシュートを決めていた」といったスポーツ新聞にも出ていない情報、アウェーの国で観戦するためのチケット情報、フライトスケジュール、現地でのバスや鉄道、それからダフ屋の情報なんかまでが、ひっきりなしにやりとりされていました。

驚いたのは、情報の質や量だけではありません。

たとえば商社マンの質問に、学校の先生が答える。長距離ドライバーの人が、別のアイデアを足していく。そんな、職業や肩書きにとらわれない、見返りや損得を考えない、まったくあたらしいネットワークのかたちがありました。

びっくりしたし、ワクワクしたし、なによりも気持ちよかったですね。ぼくがずっと思ってきた「役にも立たない町の知性」や「弱きものこそ」のネットワークが、思いもしないかたちで実現されていたのですから。もう、あわててパソコンを買いました。1997年の11月10日、49歳の誕生日のことです。

「情報のダンジョン」を冒険する日々

もうひとつ、当時JR東日本の仕事をしていたときに、印象深い出来事があったんです。

あたらしいキャンペーンについての打ち合わせ中に、「列車の乗客たちは、なにをよろこびとしているのか」という話になりました。これ、調べようと思えば、ちゃんと調べられる話なんですよ。たとえば国会図書館や大宅壮一文庫に行って、旅好きの作家やエッセイストたちが、列車旅のよろこびについて書いた文章を探す。一般の人たちが語ったインタビューを探す。時間はかかるけれど、本気になって探せばいくらでも見つかるはずなんです。

すると数日後、代理店の中堅社員が厚さ何センチにもなる資料をまとめてきたんですね。文豪たちの小説やエッセイの抜き書きから、一般の人たちの日記みたいな文章まで、到底読み切れないくらいの量です。「これ、どうしたの?」と驚いたら「インターネットで集めてきました」って軽く言うんです。

「すごいねえ！」

「いえ、ぜんぜんすごくないです」

「いや、これはすごいことだよ！」

「いえいえ、ほんとうにぜんぜんすごくないんです」

どんなにほめても恐縮するばかりで、どうやら彼はほんとうにすごくないらしい。逆にびっくりですよね。ぜんぜんすごくない彼が、こんなにもすごいんですから。じゃあ、ほんとうにすごい人たちはどんだけすごいんだろう、って。

それで実際にパソコンを触るようになって、やっぱりインターネットには夢中になりました。ゲームにたとえるなら「情報のダンジョン」ですよ。いくらでも「ぼうけん」ができるし、どんどん深いところまで潜っていける。しかも、ところどころに「こっちにいくといいよ」とヒントをくれる立て看板があったり、長老がいたりする。

ほら、古い雑誌や新聞を処分するとき、思わず読みふけってしまうことがあるでしょう？　あの「読みふけり」がいつまでも続く状態ですよね、ネットサーフィンは。眠る時間も惜しいくらい、毎晩読みふけっていました。

ネットよりもハマった電子メール

でもね、これが自分でもおもしろいところなんだけれど、インターネット以上にハマったのが「電子メール」だったんです。

もともとぼくは電話が苦手で、かけることも、かかってくることも嫌いでした。電話って、相手の都合をなんにも考えないまま呼びつける、けっこう暴力的なツールでしょう。だからファックスでのやりとりをたのしんでいた時代が長かったんだけれど、それにしたって深夜に電話のベルを鳴らしてしまうことには変わりがない。しかもファックスだと、イラストを入れたくなったり、長い文章は送りづらかったり、いろいろな面倒もついてくる。ところが電子メールは、自分が好きなときに好きなだけの文章を送って、相手も都合のいい時間に受けとるわけでしょう？　どんな深夜に送りつけても、向こうの睡眠を邪魔することなく、その人は翌朝やお昼に受けとることができる。いまこうやって話すと当たり前のことなんだけれど、こんな伝達手段、かつてはなかったんです。

だから、深夜に思いついたくだらない冗談や、どこかで聞きかじったおもしろい雑学なんかを、ひっきりなしに送りつけていましたね。夜型の友人たちからはすぐに返事が返ってくるし、そこからいくらでも会話が発展するし。20代や30代のころ、飲めもしない深夜の酒場でばか話をしていたのと同じ感覚ですよ。あれが、自宅にいながらできるようになっちゃった。みんなが根負けして眠るまで、毎晩やりとりしていました。

ただ、タイピングには苦労したなあ。いまでも上手じゃないけれど、当時は「プロデューサー」のデュ（dhu）がどう打っていいのかわからなくてね。duと打ったら「づ」になるし、dyuと打ったら「ぢゅ」になる。だから「デ」を打ったあとに、いったん「ジュース」とかを打って、その小さい「ュ」をコピーして、なんとか「デュ」をつくる。毎晩メールを書きながら「お前ら、おれがどんなに苦労して『プロデューサー』を打ってると思ってるんだ」と怒っていましたよ。

振り返っておもしろいのは、やっぱりぼくの関心はインターネットで情報を集めることよりも、ばか話を含めた「コミュニケーション」にあったんですよね。最初に触れた、サッカーの掲示板だってそうですし。そこはほぼ日につながる、おおきな分岐点だったのかもしれません。

パンチを出し合える親友、岩田聡さん。

「おれ、それやるよ。ぜったいにやるよ」

ほぼ日の構想について、いちばん最初に相談した相手は岩田聡さんです。岩田さんがまだ任天堂に移る前、ＨＡＬ研究所の社長だったころですね。

インターネットがおもしろいことは、十分わかりました。当時「ホームページ」と呼ばれていたウェブサイトがあたらしいメディアになりうることも、なんとなく見えていました。そうなるべきだと思いましたし、自分もそこで勝負したいと思いました。一方、インターネットが単純な理想郷ではないこともまた、少しずつ理解できてきました。心ない人たちが集まって、罵詈雑言をぶつけ合って、ぐしゃぐしゃになったホームページもたくさん見てきましたから。

ぼくはインターネットを使って、あたらしい自前のメディアをつくってみたかった。

しかもそこは、自分がなにかを発信するだけの場ではなく、「ヘンタイよいこ新聞」や「萬流コピー塾」みたいな、みんなの遊び場にしたかった。

でも、うるさい人たちが集まって、石を投げ合ってつぶれていくなんてことは、ぜったいにいやだった。みんなが自由に遊べる場でありながら、飛び交う「ことば」はすべて、ぼくたちがコントロールしている。集まる人たちの自由を保ったまま、罵り合ったり、足を引っぱったりのない場に育てていく。

「……と、そんなことを考えているんだけどね」

岩田さんとふたり、歩いてごはんを食べに行く途中、ぼくは訊きました。

「そんなわがままって、両立できるかな？」

岩田さんは一瞬、宙を見上げるように考えてから、「ええ、できますね」と答えました。

「それ、むずかしいことなの？」

「いえ、そんなにむずかしくはないです」

ここからはいっさい迷わず、すっと答えてくれるのが岩田さんです。

「それ、やるとしたら人は何人くらいいる？」

「ぼくがやる仕事は大体わかっているので、極端なことをいえば、あとは糸井さんだけでもできます」

岩田さん、もう自分も「やる人」の頭数に入れているんです。

「人を入れるとしたら？」

「アルバイトの人がひとりかふたりいれば、ありがたいです」

「えっ、アルバイトがいればいいの？」

「ええ、それで大丈夫だと思いますね」

ぼくは、その場で言いました。

「おれ、それやるよ。いつになるかわからないけれど、ぜったいにやるよ」

ふたりで歩いた道の風景まで、はっきりおぼえています。１９９７年の暮れくらい、パソコンを買って間もないころの話です。

この人に賭けるしかないと思った

岩田さんとはじめて会ったのは『ＭＯＴＨＥＲ２』（１９９４年）をつくっていたとき。

以前から任天堂の山内溥さん（元社長）に「糸井さんは、まだＨＡＬ研の岩田さんに会ってないですよね？　一度会ってみるといいですよ」と聞かされてはいたんです。山内さんって、めったに「さん付け」をしない人だったから、まずはそこに驚きましたね。ものすごく歳の離れた、ちいさな取引先の若い人を「岩田さん」と呼んでいる。実際に会う機会はなかったんですが、山内さんの口から漏れた「岩田さん」の名前と存在は、ずっと気になっていました。

それで『ＭＯＴＨＥＲ２』の開発が頓挫しかかっていたとき、一度岩田さんに見てもらおうという話になりました。すると全体を確認した岩田さんが、きっぱり「このままでは、できないと思います」と断言するんです。そして「よろしければお手伝いしますが、つきましては、ふたつの方法があります。いまあるものを手直ししながらつくるとしたら、２年かかります。イチからつくり直していいのであれば、半年でやります」と。

もうね、どうなるかわからないんだけど、この人に賭けるしかない、と思いました。それくらい行き詰まっていたし、岩田さんのことばと佇まいには、賭けようと思わせるだけの説得力がありましたから。

けっきょく約束通り、半年で遊べるところまでつくってくれました。そこからもう半年かけて調整というか、もうひと磨きして。大変だったけれど、ほんとうにたのしかったですね。当時ぼくらは、神田にある任天堂の東京支社を使わせてもらっていて、そこには京都から山内さんがやってきたときにしか使わない「社長室」がありました。そこのおおきなソファが、ぼくらの寝床代わりだったんですよ。仮眠室というかね。社長室の寝床だから、通称「ホテル・プレジデント」。

山梨のHAL研から通ってくれる岩田さんは、その「ホテル・プレジデント」に何度も寝泊まりしながら、一緒に『MOTHER2』をつくっていったんです。やがて、ほんとうのプレジデントになっちゃいましたけどね。

痛いパンチを打ち返してくれる人

それ以来、岩田さんは社長業の先輩でもあるし、コンピュータまわりの先生やお医者さんでもあるし、なんといってもほんとうの友だちですよね。

ほぼ日をスタートさせるときも「電脳部長」として、パソコンの購入からプロバイダの契約、サーバの手配、電話回線や電源ケーブルの配線まわりのことまで、ぜんぶ岩田さんがやってくれました。年商何十億、社員80人というゲーム制作会社（HAL研究所）の社長が、床に這いつくばってケーブルを引いてくれるんです。「なんてもったいない話だ」と思う人もいるでしょうけど、岩田さんはそういうことをまったく気にしない人だし、それはぼくも同じなんですね。

のちに岩田さんの奥さんから「嫉妬していました」って言われたくらい、しょっちゅう会って、なんでも相談して。お互いに意見を求めては、話し合って。ぼくなんかよりもずっと忙しい人なのに、誘いを断られたことは、まずないです。釣りの誘いさえも断らなかった人ですから。任天堂の社長になってからも、とにかく時間をつくってくれていましたね。

岩田さんとの関係が特別だったのは、ただ仲がいいだけじゃなくって「パンチ」を出し合える関係だったこと。遠慮なくものが言えるし、ちゃんと打ち返してくれる。やっぱりおとなになって、それなりの立場ができてくると、パンチを出しても打ち返してくれる人が減っちゃうじゃないですか。それで自分もパンチを出さない人になって、刺激のない関係ばかりになっていく。

ところが岩田さんは、ぼくよりも10歳以上若くてものすごい「弟性」を持った人なんだけれど、ちゃんと痛いパンチも打ち返してくれるんです。あるいは「以前に糸井さんがおっしゃっていた『寝返り理論』。あれからぼくも考えたんですけど、こういうことですか?」と自分なりに再編集したうえで、取材のように迫ってきたり。もちろんぼくも、岩田さんの話には毎回感心していましたし、学ぶことだらけでした。

経営者としても、『MOTHER2』を救ってくれた超人的なプログラマーとしても尊敬していたけれど、いちばん尊敬していたのは岩田さんの人格ですよね。偉ぶらないし、いつも建設的なアイデアを考えているし、面倒くさいことは率先して自分が片づけようとするし。人や世のなかのことを、しっかり見ている。ぼくにとっての岩田さんはものすごくおおきな存在だったけれど、それはこれからも変わらないと思います。

これからも続く岩田さんとのおしゃべり

ぼくはむかし、コピーライターやクリエイターはABCの3つのタイプに分けられる、と言っていました。

Aが「野の花タイプ」。これは道端に咲いているちいさな野の花を摘んで、プレゼントしようとする人。

ふたつ目のBが「バラとかすみ草タイプ」。こちらはバラやかすみ草、蘭なんかでつくった高級な花束をプレゼントしようとする人。

そして最後のCが「お花屋さんタイプ」。すてきな花束をつくってくれるお花屋さんを探して、お店の人に思いを告げて、花束をつくってもらう人。

自分が誰かに花束を贈るとき、つまりは作品を届けるとき、人はだいたいこの3つに分けられる。ある本で、そんなふうに書いたんです。

このうち、わかりやすくつまらないのはBの「バラとかすみ草タイプ」ですよね。これはもう、花束ではなく、通貨を贈っているようなものですから。「こんなに高級な花を、こんなにたくさん」という数量で価値を測っている。

でも、ほんとうにやっかいなのはAの「野の花タイプ」なんです。これは「真心さえこもっていればいい」と考える人の、ずうずうしい発想。「これだけピュアなわたしの気持ちを、拒否するはずがない」という、きわめて押しつけがましいクリエイティブなんですね。

それでぼくが大切にしていたのが、Cの「お花屋さんタイプ」であること。広告は自分ひとりでできるものじゃないから、しかるべき人を探して、正面からお話しして、一緒にいちばんいいものをつくろうとする。「野の花」の真心を押しつけるでもなく、お金や権威に頼った「バラとかすみ草」で解決するのでもなく。

これはいまでも大事にしている考え方なんだけれど、岩田さんのお墓参りをするときだけは、違うんです。いつも「庭の花」を摘んで持っていくんです。

岩田さんが何度も遊びに来てくれた京都の家の、岩田さんと一緒に眺めた庭の、それぞれの季節に咲いたなんでもない花を。

お墓の前では、ずうっとしゃべっていられますね。一方的に語りかけるんじゃなくて、岩田さんとおしゃべりができている。不思議だし、お墓っていいものだなあ、と思いますよ。そこに行けば、ちゃんとその人がいるんです。みなさんもね、戦国武将のお墓でも、夏目漱石や森鷗外のお墓でも、行ってみるといいですよ。ちゃんとその人と向き合えて、おしゃべりできるはずですから。

ほぼ日刊イトイ新聞がめざしたもの。

コンテンツなら、いくらでもある

インターネットを使って、あたらしい自前のメディアをつくる。

クリエイティブのイニシアティブを、自分側に取り戻す。

これは、広告の仕事に限界を感じたぼくが、インターネットに魅せられ、最終的にたどりついた結論です。さっそく準備に入ったとき、ぼくには「コンテンツなら、いくらでもある」という、不思議な自信がありました。

たとえば、大瀧詠一さんに会いに行く。『A LONG VACATION』（1981年）というアルバムをつくって、ほんとうに長いバケーションに入っちゃった大瀧さんに、話を訊く。どうやってあのアルバムをつくったのか。どうして長いバケーションが実現できちゃったのか。そのあいだなにをしていたのか。たっぷり耳を傾ける。そんなの、おもしろいに決まってるじゃないですか。だってもう、おれが読みたいですから。その「おれが読みたい」を軸に考えていけば、コンテンツの目次はどんどんあふれてくるんです。

『MOTHER』というゲームが娘への手紙だった、という話はしましたよね。加えていうと、日比野克彦さんと一緒にやって、のちに絵本になった『おめでとうのいちねんせい』（「小学一年生」1983年〜1991年）も、うちの娘が小学校に入るときにはじめた連載なんです。

だから、あのなかにある「ピアノをやめたい子」の話なんかは、完全にうちの娘ですよ。いいよ、ピアノやめたかったらやめてもいいんだよ、きっとお母さんも許してくれるよ、っていう、それだけの話というか、お手紙ですから。そんなふうに、「おれが読みたい」とか「あの人をよろこばせたい」の強い動機さえあれば、コンテンツは尽きないと思っています。中途半端なマーケティングはいらないんです。それは、これからのほぼ日においても。

でもね、こういう話はきっと「きれいごと」に聞こえちゃうんだと思う。クリエイティブを真剣に語ると、どうしても「きれいごとを言うな。仕事っての は、いやなことをするからお金がもらえるんだよ」とか「そんな直感頼みのクリエイティブなんて、一部の天才にしかできないんだ」という声の迫力に負けてしまうんですね。とくに、ぼくにはコピーライターという肩書きがあるから、「またコピーライターが『うまいこと』を言ってるよ」で片づけられてしまう。お金儲けやブランディングの、方便だと思われてしまう。むずかしいものですよ、本音が信じてもらえないコピーライターの肩書きは。

課金制にせず広告も入れなかった理由

話をほぼ日の創刊時に戻しましょうか。

仮に「コンテンツなら、いくらでもある」とした場合、次に考えないといけないのはビジネスモデル、つまり「どうやって儲けていくのか」の話です。いまでもたまに「どうして課金制にしなかったんですか?」と訊かれることがありますが、課金モデルをまじめに考えたことは一度もありません。

ぼくがつくりたかったのは、遊び場。たくさんの人でにぎわう自由な場所です。もし、課金制の道を選んでしまうと、そこに「契約」が発生しますよね。読者との関係が、契約というつながりになってしまう。契約の先には義務も出てくるし、責任も出てくるし、ノルマやクレームもたくさん出てくる。でも、遊び場がほんとうにおもしろくなるのは、そこに「共犯関係」ができたときなんです。損した得したの「契約関係」からは、遊びが育たないんですよ。

たとえば阪神ファンの人たちとタイガース球団のあいだに、契約はありませんよね。甲子園球場で観戦するときには「入場料」を支払うけれど、それは他球団のファンも一緒。そして阪神ファンは「応援料」を払っていたり、応援の報酬をもらっていたりするわけではない。だからこそファンでいることがたのしいし、どんなに負けても来年また応援するんです。あれは一種の共犯関係なんですよ。

じゃあ、どうやって儲けるのか。広告を入れるのか。それも違います。もともと広告の仕事をやめたくてはじめることだし、当時のインターネットなんて、海とも山ともしれないメディアですから、スポンサードしてくれる企業もいません。

それでけっきょく、ビジネスモデルについては「やりながら考える」という道を選びました。逆に言うと、趣味的な「儲からなくてもいいや」の発想はなかったんです。ビジネスになるという確信は、最初からありました。

ぼくのイメージにあったのは「銀座通り」。いまは儲からなくてもいいから、まずはインターネットのなかに銀座通りをつくってしまおう。出入り自由な「にぎわい」の場をつくってしまおう。そこに何万人もの「にぎわい」ができてしまえば、あとは自動販売機を置いておくだけでも食っていけるだろう。自動販売機で稼ぐのか、別のなにかで稼ぐのか、それはやりながら考えればいいと。

もうひとつイメージとしてあったのは、子どものころに見た紙芝居屋さんですね。紙芝居のおじさんがやってきて、原っぱなんかで紙芝居をはじめるわけです。そしておじさんは、入場料代わりに飴を売る。飴を買った子は、舐めながら紙芝居を見る。それが紙芝居のシステムです。するとやっぱり、お金がなくて飴を買えない子が出てくるんですよ。これがねえ、せつないんです。おじさんから「ほら、飴を買ってない子はあっち行って！」と追い払われて、紙芝居を見ているぼくらも、ちっともたのしめない。追い払われた子が、視界の端に映っていたりしてね。あんな場は絶対にいやだったから、「無料で誰でも見ることができる」は、かなり早い段階から決めていました。

消費者としての自分を磨く

けっきょく、ほぼ日は2001年の秋から発売した「ほぼ日手帳」や「ほぼ日ハラマキ」などのオリジナル商品が、会社を支えてくれることになりました。いちばん最初のオリジナル商品は、Tシャツですね。1999年におそるおそる発売してみたら、3500枚近く売れました。もちろんTシャツが3000枚や4000枚売れたところで、それで食えるわけじゃない。でも、これまで以上によろこんでいるお客さんがいるし、自分たちもうれしいんです。まあ、文化祭でもそうだけど「お店屋さんごっこ」が嫌いな人はいませんからね。

そこでわかったのは、これもかたちを変えた「コンテンツ」なんだということ。ほぼ日には、読みもの（テキスト）のコンテンツがあり、手帳のかたちをしたコンテンツがあり、ハラマキのかたちをしたコンテンツがあり、土鍋のかたちをしたコンテンツがある。すべて同列なものとしてね。だって、手帳もハラマキも、根っこにある動機は「おれがほしい」ですから。それは最初に言った「おれが読みたい」と同じですよ。

だから商品開発の経験はなかったけれど、消費者・ユーザーとしての自分を磨いておくかぎり、「コンテンツなら、いくらでもある」は変わらないと思います。

個々のコンテンツについて、ビジネスとしての勝算は、いまだにやってみるまでわかりません。でも、「おもしろいに決まっている」「よろこばれるに決まっている」までなら、わかるんです。お客さんとしての自分がおもしろがっているかぎりは。

チームではたらくということ。

社員ではない「乗組員」という発想

ほぼ日をはじめる前まで、ぼくはずっとフリーランスの立場で仕事をしていました。いちおう「東京糸井重里事務所」という有限会社のかたちにはしてあったけれど、自分のことを社長だと思ったことはありません。経営をしているつもりも、当然ない。アシスタントも、多いときでせいぜい3～4人だったと思います。

それがほぼ日をつくって、チームとして仕事をすることになった。ぼくが最初に決めたのは「えばらない」でした。

もしもぼくがワンマン社長として威張っていたら、社員は「義務」としてそれぞれの仕事をやることになります。でも、義務としてやらされる仕事からは、クリエイティブが生まれません。よくあるピラミッド型の組織図は、クリエイティブチームには馴染まないと思ったんです。まだまだ組織図をつくるほどの人数じゃなかったけれど、ピラミッドのてっぺんに立つことだけは、ぜったいに避けたかった。

そんなあるとき、アッコちゃん（矢野顕子）の「さとがえるコンサート」を観ました。バンドの編成は、ドラム、ベース、パーカッション、そしてピアノの矢野顕子。アッコちゃん以外はみんな、外国人のメンバーです。ぼくが驚いたのは、彼らの「まなざし」でした。外国人のバンドメンバーたちが、ピアノを弾きながら歌う矢野顕子を、なんとも言えない目で、じいっと見つめながら演奏しているんですね。

それは親が子を見るような目でもあるし、子が親を見る目のようでもある。しっぽを振る犬が飼い主を見る目のようでもあるし、飼い主が愛犬を見る目のようでもある。

その、愛というのか信頼というのか、自分と他人が溶け合っちゃったような関係のあり方って、バンドメンバーというよりも同じ船に乗る「乗組員」だな、と思いました。

考えてみるとこれ、会社組織でも一緒なんですよね。

運命をともにする者同士の信頼感、「沈んだらおしまいなんだ」という緊張感、だからこそ助け合おうとする心のあり方は、会社組織でもまったく同じなんです。

そこからほぼ日では、社員のことを「乗組員」と呼び合うようになりました。だってほら、ピラミッド型の組織図を横に倒すと、船みたいなかたちになるじゃないですか。ぼくはピラミッドのてっぺんに立つんじゃなく、船のへさきに立つ。そこにたくさんのクルー（乗組員）が乗り込んできて、一緒に航海する。料理番もいれば、機関士もいれば、見張り役もいる。一人ひとりは非力であっても、それぞれが「自分にできること」をやって、みんなの役に立っている。そして船底の一枚下は海で、みんなが運命をともにしている。そういうチームにしようと思ったんです。

背中を押してくれた先輩経営者たち

当時、ぼくがいちばん心配していたのは「おれはこれをやめる可能性があるんだろうか？」ということ。お金が続かなくなる可能性は、あるだろう。思ったよりもぜんぜん流行らないことも、考えられる。でも、ぼくがやめるとしたらそこじゃない。お金だってコンテンツだって、どうにかしてみせる自信はある。ひとつだけ、ぼくがやめる可能性があるとすれば「ほぼ日がたのしくなくなること」だ。ほぼ日や社長業に、飽きてしまうことだ。

支えになってくれたのは先輩経営者たちです。

任天堂の岩田聡さんはもちろんだし、ほぼ日の社外取締役をやってくれている山本英俊さん（フィールズ株式会社代表取締役会長）、同じく社外取締役で元ウォルト・ディズニー・ジャパンの塚越隆行さん（株式会社円谷プロダクション代表取締役社長）、あるいは当時アップルコンピュータ（現ＡｐｐｌｅＪａｐａｎ）の社長だった原田泳幸さん、それにみんな忘れているけれど永ちゃん（矢沢永吉）だって、たくさんの社員を抱える経営者だからね。

そういう経営の先輩たちが、本気のことばとして「糸井さんのやっていることはぜったいに間違ってないですよ」と背中を押してくれる。「ほぼ日が、倒れず前に進んでくれることが、ぼくらの希望なんです」と夢を託してくれる。気持ちがブレそうになったときには、「それは違います」と正してくれる。

たとえば、ほぼ日がはじまって間もないころ、社員寮をつくりたいと思ったことがありました。当時のほぼ日では徹夜仕事が常態化していましたし、終電に間に合う時間だったらぼくが車を出して、みんなを駅まで送ったりしていました。だったらもう、会社の近くに社員寮をつくったほうが、みんな助かるじゃないか。余計なことを考えず、仕事に集中できるじゃないか。そんなふうに思ったんです。それを社外取締役の山本さんに言ったら、厳しい顔で「それは、いちばんやっちゃいけないことですね」と断言してきました。

「糸井さん、社員寮があったらみんながもっと仕事をして、もっといいコンテンツができると思っているんでしょう?」

「うん、思ってますね」

「そんな合宿所みたいなものをつくったら、なにもかもが潰れてしまいます。むしろ糸井さんの会社は、もっと休みをつくらないと」

「そりゃ無理ですよ。いまでさえぜんぜん間に合っていないのに」

「いい仕事を続けていくには、ちゃんと休みをとらなきゃダメです」

「いやいや、ほかの仕事はそうかもしれないけれど、ぼくらのやっている仕事はそういうのじゃないから」

「どの仕事でも同じです、人間のやることですから」

いま考えたら当たり前の話なんですが、当時のぼくにとっては天と地がひっくり返るような話でした。とくに『MOTHER』をつくっていたころなんて、仕事場自体が合宿所みたいなものでしたし、「帰れない、眠れない、デートもできない」の生活が愉快でもあり、妙な誇りでもあり、ここまでやるからこそできるんだ、と思っていましたから。

夢として語り合った次期社長

社長業については、岩田さんともたくさん話をしましたね。任天堂という世界的な豪華客船を操縦しながら、ぼくらみたいな小舟のこともおもしろいと思ってくれている。たとえるなら、イギリス人の実業家が、なんのあてもないままアメリカ大陸に渡った同じ国の人たちを、応援しているような気持ちだったのかな。

岩田さんはよく、冗談まじりに「任天堂を安心して次の世代の人に渡せるようになったら、ほぼ日で仕事をしてみたいですね」と言ってくれていました。ぼくも「じゃあ、ほぼ日の次の社長は岩田さんで決まりだ」って笑い合って。そんなうれしい応援のことば、なかなかないですよね。相談やアドバイスもたくさんあったけれど、岩田さんの根っこにあるのはいつも「応援」でしたね。

これって、同じ相談にしても、経営コンサルタントとの関係ではありえないことなんです。ほぼ日に経営コンサルタントがいたわけではありませんが、仮にコンサルタントの人に同じことを言われても、裏にあるものを考えたり、その催眠術にかからないよう依怙地になったりして、ロクなことにならなかったでしょう。

ほぼ日の創刊から間もないころ、ぼくはこんな文章を書いたことがあります。

「きみのほんとうに大切だと思う3人のひとが、きみを信じてくれているならば、それ以上のことはいらないよ」

ある人への応援メッセージとして書いたものなんだけれど、思えば当時のぼく自身にも当てはまっていますよね。3人が誰、というわけではなく。知らない人たちから「あんなのうまくいくはずがない」と笑われても、ぜんぜん気にならなかった。ほんとうに大切に思っている仲間たちは、ぼくとほぼ日を信じていてくれたんですから。

第5章

アクロス・ザ・ユニバース　2011―

最大の転機となった、東日本大震災。

震災ですべてが変わった

ほぼ日の転機は、挙げればそれこそ毎年のようにあるんですが、いちばんおおきなところでいうと、やっぱり東日本大震災でしょう。ぼく個人もあそこで変わったし、会社もおおきく変わりました。もともと震災とは関係のないところで、おおきく変わらなきゃいけないタイミングだったんです、あのころのほぼ日は。

震災の前年、2010年あたりのほぼ日には、どこか停滞した空気が漂っていました。

手帳がある程度売れるようになって、CFO（最高財務責任者）として篠田真貴子さんが入ってくれて、帳簿やら在庫管理やらのぼくらが苦手にしていた部分も整っていって。ものすごく多いとも言えない、けれども決して少なくはない人たちが、ぼくらのことを好きでいてくれる。数字も順調に伸びている。なにも悪くないし、こうなることを望んでいたんだけれど、なにかが止まっている感じです。

ぼくはそんな空気が、とても怖かった。これじゃただのヒッピーだよ、と思っていました。みんなで歌って踊ってたのしいのかもしれないけれど、このまんまだといつか「なくてもいい会社」になるぞ、という猛烈な危機感があったんです。たぶん、うちの乗組員たちも心のどこかで「このままでいいのかな?」という思いは感じていたと思います。

それで2011年の1月に、乗組員みんなで合宿に出かけたんですよ。山中湖のホテルまで、1泊2日の日程で。「自分の5年後、ほぼ日の5年後」とか「買いものについて考える」とか「ほぼ日フェスをやるとしたら?」とか、いくつかのテーマを設定して、みんなでたっぷり話し合いました。ゲストに松家仁之さん(編集者・小説家)や伊藤総研さん(編集者)もお招きして。この合宿で得たものはおおきかったし、いまも残っています。

そして3月5日には、日本大学藝術学部で、総勢500名というかなり大規模なワークショップをやりました。もともとぼくは講演が大の苦手で、大学なんかからのお誘いもずっと断っていたんですよね。けれど、まずはぼく自身が変わってみせなきゃと思って、開催しました。

テーマは「素直であるためのワークショップ」。会場ではじめて会った人同士が、お互いをインタビューして、自分のことをぜんぶしゃべって、インタビューが終わったあとに右手で握手をする。両手で握手をする。そして最後にはハグをする。男だの女だの恥ずかしいだの、そういうことは忘れてね。

そんなワークショップを開催したのが震災の6日前。いま考えると、追い込まれていたし、焦っていたし、「変わろう、変わろう」と必死だったんだと思います。

会社が最低限やるべきことはなにか

それで3月11日になるわけですが、やっぱりぼくにとっては「東京も揺れた」ということがおおきかったです。自分たちも当事者なんだという意識が、はっきりとありました。最初の揺れが起こった14時46分、ぼくは中野区のスタジオでテレビ番組の収録をしていました。なんとか収録を終えたあと、あわてて家に帰ります。かみさんもドラマの撮影で家を留守にしていたから、犬（ブイヨン）のことが心配で。するとと玄関を開けても、犬が出てきません。いつもはしっぽを振って駆け寄ってくる犬が、出てこない。「ブイヨン、ブイヨン！」と呼んでも気配がない。靴のまま家のなかに入ると、食器は棚から落ちているし、本棚も中身が飛び出している。あたまが真っ白になったまま寝室に行ったら、犬がベッドの下で固くなって震えていたんです。あわてて犬を抱き上げると同時に、「さあ、会社をどうしよう」と思いました。もう記憶がおぼろげになっている部分もあるけれど、そこから犬と一緒に会社に行って、みんなの無事を確認しました。

会社の今後を考えるにあたっても、その肉体性というか、当事者性はものすごくおおきかったですね。震災直後、経営者として最初に思ったのは「これでつぶれてしまうかもしれない」でした。東北はもちろんのこと、東京もどうなるかわからない状況ですから。

そこから、あらためて「会社って、なんだろう？」と考えました。会社が最低限やるべきこととはなにか。経営者はなにをするべき存在なのか。震災が金曜日でしたから、土曜と日曜、ひとりでじっと考えました。ぼくが行きついた結論はシンプルで、とにかく「給料を払うこと」。社長のいちばん大事な仕事は「給料を払うこと」なんですよ。

できることからはじめよう

それで週が明けた月曜日、会社のみんなを集めてこう言いました。

「みなさん、いま不安でしょうがないだろうけど、これから2年間は給料を払います。そこは安心してください。たとえぜんぶの仕事が止まったとしても、2年間は払い続けます。そして、その2年間をかけて一所懸命なにかをやったら、きっと次の1年分の稼ぎにはなるでしょう。だからみなさん、その『3年間は大丈夫』という前提に立って、いまはほんとうに困っている人たちに向けてなにができるのか考えましょう」

会社のなかに、さっそく東北関連のプロジェクトが立ち上がり、人が集まってきました。「東日本大震災のこと」というページがつくられました。なにができるかわからないけれど、ぼくらの力なんてパワーショベル1台分にもならないだろうけど、「できることからはじめよう」と。

こういうときに気をつけなきゃいけないのは、力になりたいという気持ちが空回りして、無力感に襲われることなんですよね。「自分もなにかしたいけれど、なにもできていない」とか「こんなことをやっている場合じゃない」と自罰的な気持ちになって、仕事が手につかなくなる。とくにほぼ日の場合、毎日更新するメディアですから、どうしても机に向かいながら「こんなことをやっている場合だろうか？」という気持ちが強くなってくる。

だから、震災直後のころは何度も「ぼくらが呼ばれるときはかならずくるから、それまでは自分の仕事をしっかりやって、力を蓄えていよう」と言い合っていました。あそこから、ぼくらは鍛えられたし、変わりましたよね。

やさしく、つよく、おもしろく。

石に刻むように文字を書く

ほぼ日の創刊以来、ぼくは毎日「今日のダーリン」という巻頭エッセイを書いています。もう20年も続けているわけですから、大変といえば大変なこと。でも、まわりのみなさんが心配したり感心してくださるほどには、大変だとは思っていないんです。どんなに疲れていても、ほんのちょっとがんばれば書けるものですし、その「ほんのちょっと」の時間を1日のどこかに入れればいいだけですから。

ただ、震災からしばらくのあいだは、ほんとうに苦しかったですね。沈黙できるものなら、沈黙していたかった。たった40行の文章を書くのに、4時間も5時間もの時間をかけて、石に文字を刻むような苦しさで書いていました。

当時、ツイッター上で放射線量などのさまざまな科学的データを発信されていた物理学者の早野龍五さんは、あのころを振り返って「毎回140文字の論文を書いている感覚だった」とおっしゃっていました。ぼくもまったく同じ感覚ですね。ほぼ日での「今日のダーリン」はもちろん、140文字のツイッターだって毎回「140文字のボディコピー」を書いているようなむずかしさがありました。実際、どんどん体重が落ちていきましたから。

必要なのは実行のともなったことば

たとえば震災の当日、ぼくはこんなツイートをしています。

「あわてたり、さわぎたてたりは、いたずらに不安をあおります。心配も不安もわかりますが、危険の少ない人は、できるだけふつうにしていましょうよ。本当に被害が大きい場所にいる人たちのためにも。サイレンの鳴り続けている状況は判断を誤らせることもあるし。」

それから3月13日には、寄付の相場について「じぶんひとりを3日雇えるくらいのお金」にしようという提案をツイートしました。500円とか1000円とかじゃなく、それぞれが自分の日給3日分くらいのお金を寄付しようと。

そして4月には、こんなツイートをしました。

「ぼくは、じぶんが参考にする意見としては、『よりスキャンダラスでないほう』を選びます。『より脅かしてないほう』を選びます。『より正義を語らないほう』を選びます。『より失礼でないほう』を選びます。そして『よりユーモアのあるほう』を選びます。」

もちろんね、善意のことばでラッピングした「いいこと」を言うのは簡単なんですよ。「糸井さんはいい人だね」って言われるようなことを書くのは。あるいは危機を煽ったり、誰かを責めたり、憂いてみせるのも簡単ですよ。でも、あそこで必要とされていたのは、もっと切実な、責任と実行のともなったことばですよね。それを毎日書き続けるのは、ほんとうに苦しかったです。

当時のぼくを支えていたのは、やっぱり学生運動の苦い記憶です。学生運動のころ、結果としてぼくは、信じたつもりの嘘ばかりを言っていたわけですから。明日にも革命が起こるみたいなことを言って、いろんな人を巻き込んで。

あそこでぼくは、脅かすたぐいのことばにこりごりしたんです。危機や不安を煽って人を追い込むようなことは、二度としたくなかった。「広告屋がなにを言ってるんだ」と言われるかもしれませんが、ぼくは自分の関わった広告で、心にもない嘘を言ったつもりはひとつもありませんから。そこだけは守ってきたつもりです。

震災で学んだ「つよさ」の意味

震災をきっかけに、うちの会社はとても強くなったし、ひとつになりました。東北まわりのプロジェクトにしても、ぼくが「やろう」と言うからついてくるんじゃなくって、みんなが同じ気持ちで動いてくれた。そして「稼ぐ」ということについて、いままで以上に真剣に向き合うことができた。だって極端な話、売上が3割増えたとしたら、その3割分を東北に使えるわけでしょう？　社内では、かなり早い段階で「ほぼ日は焼け太りしたと言われるくらい、がんばろう」と言い合っていました。実際、あの年は売上も伸びましたからね。

そして震災のあった年の11月1日、宮城県の気仙沼市に「気仙沼のほぼ日」という支社もつくることができました。あるいは東北に100のツリーハウスをつくろうというプロジェクトを立ち上げたり、2012年からは気仙沼で「気仙沼さんま寄席」という立川志の輔さんの落語会を開くこともできました。どれもビジネスとして、理にかなっているかどうかはわかりません。これは利益を第一義としていない、そしてその場かぎりの寄付でもない、あたらしい自分たちを育てていくための「投資」だと思っていますから。

いま、ほぼ日では「やさしく、つよく、おもしろく」という行動指針を掲げています。震災をきっかけにぼくらが学んだのは、「つよさ」がどれだけ大切かということ。誰かの力になりたいと思ったとき、それを支えるのは自分自身の「つよさ」なんです。それは経済的な「つよさ」でもあるし、実行力という意味での「つよさ」でもある。そんな「つよさ」を持ち合わせないままボランティアに行っても、けっきょくは居候してごはんを食べさせてもらうようなことになる。学生だったらそれでもいいでしょうけど、おとなのぼくたちは、ちゃんとした「つよさ」を持って物事に臨まないといけない。

幸い、震災の時点でぼくらは「3年間は食える」と腹をくくれるだけの規模に成長できていました。その基盤があったから、東北と積極的に関わることができました。「やさしく、つよく、おもしろく」の行動指針は、震災を経験したぼくらの、学びのことばでもあるんです。

ほぼ日が上場したほんとうの理由。

「ムーミン谷」からの卒業

株式上場について考えはじめたのは、10年以上前ですね。理由はいろいろあって、訊かれるたびに違うことを言ったりしているんですが、「おとなになりたかった」はおおきいと思います。ぼく自身、若いころはヒッピーみたいな生活をしていて、働きはじめてからもそれは変わらなかった。お金のことも、将来のことも、なるべく考えないようにして生きてきた。おかげでほぼ日をつくってからも、入ってくるのはヒッピーみたいな子が多かったんです。そこはもう、そういうぼくの姿を見て、入ってくるわけですから当然だと思います。

ただ、そういう人たちがたくさん集まると、よくも悪くも会社が「ムーミン谷」みたいになっていくんですね。人里離れた山奥にある、やさしい妖精さんたちの村に。まあ、ムーミンたちは歳をとらないからいいけれど、社員はみんな歳をとっていくわけでしょう？　そこはなんというか、50代や60代のムーミンはせつないぞ、という思いが強かったんです。いつまでもヒッピーじゃダメだろう、というか。

そんなふうに思いはじめたころ、よその会社の名刺にやたらと「ISO9001認証取得」とか「ISO14001認証取得」というロゴを見かけるようになりました。知り合いの社長さんに訊いたんですよ。これはなんですか、国際標準化機構（ISO）の認証規格だと聞きましたけど、こんなの面倒くさくないですか、ほんとうは意味ないですよねって。すると社長さんが言うわけです。

「これを取得すること自体には、特別な意味はないかもしれません。でも、こういうルールを知って、社会的に認められた会社であろうと身を正していくプロセスのなかで、会社の空気が変わっていくんです」

つまり、対外的なPRの一環として取得しているわけではなく、社員の意識を変えていくために導入しているんだと。この視点はおもしろかったですね。それでISOナントカを取得するのはうちには合わない気がするから、上場をまじめに考えてもいいんじゃないかと思うようになりました。上場に向けて動き出すプロセスそのものが、ムーミン谷からの卒業につながるんじゃないかと。

乗組員を鍛え、自分を自由にする

さっそく岩田聡さんに相談してみたら「うん、それもひとつの方法ですよね」と言ってくれました。「ほかの道も探せばあるでしょうが、上場はひとつの方法だと思います。糸井さんだったらできるでしょうし」って軽く言うんですよ。そうだな、岩田さんという先輩の存在はおおきかったですね。

その後、いろんな人たちが「上場したらこんないやなことがある」とか「こんだけ不自由になる」とか「株主総会なんて生きた心地がしないよ」とか、ありったけのデメリットを語ってくれました。上場していない人たちも含めてね。でも、ぼくは岩田さんからそのへんの愚痴を一度も聞いたことがないんです。任天堂の株価が下がったときだって、株主総会がつらいとか、出たくないとか、岩田さんはひとつも言ったことがない。それはぼくにとっておおきな希望でした。ほんとうにつらかったら、正直に言ってくれるはずですから。

そして社外取締役の山本英俊さんは「それ以外の道はないでしょうね」という答え。自分は映画や漫画など、エンターテインメント関係の人たちと接してきて、すごい才能を持った人たちがつぶれていく過程を山ほど見てきた。クリエイターは、自分の才能を生かすためにも、自分を大事にしてくれる組織をつくらないとダメなんだ。そして、その答えは上場でしょう、というのが山本さんの意見です。

これはぼくの実感とも一致するところが多くて、やっぱりクリエイティブって、本質的にわがままで、理不尽なものなんですよ。天使と悪魔でいうと、悪魔こそがクリエイティブを発揮する。ハリウッド映画でも、ヒーローもののアニメーションでも、あるいは『MOTHER』というゲームでも、悪役のほうがクリエイティブでいられるんです。だって、まわりの迷惑を考えずに動きがとれるから。

でも、クリエイターが組織のリーダーを兼ねるようになると、天使でいなきゃいけない。悪魔的なわがままを、自制しなきゃいけない。わがままだけじゃ社員が育たないし、会社の空気が悪くなるだけですからね。

だから上場は、社内を鍛えていくためでもあるし、いろんなものを譲り渡して、ぼくを自由にするためでもある。どんな苦労が待ってるかわからないけれど、やらない手はない、と思いました。ＣＦＯとしてネスレから篠田真貴子さんを迎え入れたのもその一環だし、彼女にはちゃんと、入社前の段階で「将来、上場しようと思っています」と話しましたよ。ものすごく反対されましたけど。

幻に終わったもうひとつの社名

２０１６年に社名を「東京糸井重里事務所」から「ほぼ日」に変えたのも、ムーミン谷から卒業するプロセスですよね。よそから「糸井さんの会社なんだね」と思われて、自分たちでもそう名乗っているうちはムーミン谷から出られませんから。

ほんとうはもっと早く社名を変えなきゃいけなかったんだけれど、ぼくはずっと「ボール」という名前にしたかったんです。

ボールって、それひとつあれば、おとなも子どもも、男も女も、犬も猫も夢中になって遊べちゃうわけでしょう？　この「ボール」という存在というか、概念がほんとうに大好きで、ぜひとも「ボール」を入れた名前にしたかった。たとえば「株式会社ボール」でもね。

ところが同じ名前の会社があることがわかって、社名変更の動きがしばらく宿題になっていたんです。ほかにも「ベンチ」という候補もあったし、「ＨＯＢＯ」も候補のひとつでしたっけね。社内では、本田技研工業みたいに、やはり糸井の名前は残したほうがいいんじゃないかという声もあったり。

それで「ほぼ日」という候補も当然最初からありましたから、２０１６年の秋ごろかな、２日間くらいひとりでシミュレーションしてみました。サイトだとか、名刺だとか、新聞だとか、ビルの案内板だとかに「株式会社ほぼ日」と書いてあって、自分や社員が「株式会社ほぼ日の〇〇さんです」と紹介されたり、名乗ったりしている姿を。

……悪くないんですよね、そのイメージが。思ったよりも、しっくりくる。だからそこからパパパッと決めちゃいましたね。あっという間に馴染みましたし、社名を変えたのは大正解でしたよ。

ほぼ日とぼくが見つめる「遠くの景色」。

蛍が飛び交う川をつくる

おかげさまでぼくらほぼ日は2017年の3月、東京証券取引所JASDAQ市場に上場することができました。上場に向けて動いていたときには「上場したら、ほぼ日らしさが失われる」と懸念する声もいただいていましたが、ぼくが見渡すかぎり、社内にその心配はないようです。たぶん、正確な株価を知っている乗組員はほとんどいないんじゃないでしょうか。ぼく自身、必要があるとき以外は見ていないですし。上場はゴールでもなんでもないし、これからやりたいことはたくさんあります。

これまでぼくらは、ほぼ日刊イトイ新聞という「場」のなかに、たくさんのコンテンツをつくってきました。「コンテンツなら、いくらでもある」の思いはこの先も変わりません。ただ、今後はコンテンツと同時に「あたらしい場」づくりにも、いっそう力を入れていきたいと思っています。コンテンツが蛍だとするなら、その蛍が飛び交う川をつくっていきたいんです。

たとえば、２０１６年の６月にリリースした「ドコノコ」という犬猫のＳＮＳアプリは、まさにそう。自分の家の犬猫を登録して写真や動画をアップしてもいいし、よその犬猫を眺めるだけでもいいし、街で見かけた地域猫をアップしてもいい。そして犬猫が迷子になったときには、近くに住んでいる人たちに迷子情報を送ることもできる。そんなアプリです。この先どうやってビジネスにしていくのか、気の早い人はそればっかり訊いてくるんですが、いまは「場」づくりの段階。たくさんの飼い主さんや犬猫好きのみなさんから、「ドコノコをつくってくれて、ありがとうございます」と言われています。こんなに直接的な「ありがとう」を聞けたことって、これまでのほぼ日にはなかったかもしれません。

あるいは、２０１７年の３月からはじまった「生活のたのしみ展」というイベント型の商店街。ほぼ日オリジナル商品とは違う、ぼくらが選んだり、集めたり、特別につくってもらったりしたものを販売するイベントです。これなんかは、ほんとうに「場」そのものですよね。

それから2018年からスタートした「ほぼ日の学校」。シェイクスピアや万葉集などの「古典」を学んでいく学校です。これはもう完全に「おれが受けたい授業」ですよ。自分という人間を地固めするために、自分のなかに「古典の土」を入れておきたかった。ぼくは腹をくくって古典と向き合うことのないまま、生きてきましたから。そして古典が足りない、という思いはみんな持っているものだと思うんです。シェイクスピアからスタートしましたが、講師の方々も生徒の方々も、すばらしい熱量ですよ。しかもこれ、学校で扱った古典からどんどんコンテンツが広がっていく可能性がありますよね。そのコンテンツが、またあたらしいコンテンツを呼んでくるだろうし。

あるいは、2017年に誕生した「ほぼ日のアースボール」。精密な地球儀でありながら、空気を入れてふくらますボールでもあり、スマートフォンの専用アプリをかざすとさまざまな情報やコンテンツに触れることができる、アナログと最先端が溶け合ったような地球儀です。こちらもアプリ内にどんどんコンテンツが増え、これからたのしみな「川」に育ってくれると思っています。

新規事業のむずかしさ

こういう新規事業を起こすのって、そんなに簡単なことじゃないんです。たとえば、ぼくがほぼ日をはじめたとき、ほとんどの人は「イトイがまた、あたらしいおもちゃを見つけたんだな」くらいに思っていたと思います。いわば、片手間の旦那芸としてインターネットがあるんだ、飽きっぽいあいつのことだから、すぐに放り投げちゃうだろうと。

けれどぼくは、クリエイターとしてのすべてを注ぎ込むくらいの気持ちで、ほぼ日を立ち上げました。もちろん最初は売上も立たないわけだから、「広告屋としての糸井重里」が、外で取ってきた仕事のお金を突っ込んで回すしかない。もう、この「外の仕事」という言いかた自体、ぼくのほぼ日に対する本気さですよね。

それでもし、ぼくやほぼ日の乗組員みんなが「ドコノコ」や「ほぼ日の学校」に、あのときと同じくらいの全精力を注いだら、ぜったいに大成功させられる自信があります。どれも、それだけのポテンシャルをもったプロジェクトですから。

でも、ぼくにそれはできないし、やっちゃいけないんです。

なぜって、ほんとうのイノベーションとは、「まったくあたらしいものをつくること」でありながら、「これまでのものをぶっ壊すこと」でもあるから。破壊と表裏一体になった創造が、イノベーションなんです。

ぼくはほぼ日をはじめるとき、「コピーライターとしての自分なんてどうなってもいい」と本気で思っていました。そして、もしもぼくが「ドコノコ」に命を賭けるとなったら、それはほぼ日手帳がぶっ壊れてもいい、ほかのすべてを失ってもいい、ということでしょ？　いまのぼくには「手帳がなくなってもいい、ハラマキが消えてもいい、ほぼ日のお客さん全員を失ってもいい」とは、とても思えない。だって、失ってしまうには愛しすぎていますから。アイデアを出すのはぼくだったとしても、それをイノベーションにまで育てるのは他の誰かなんです。

上場資金を「人に使う」とは？

じゃあ、どうすればいいかというと、「あたらしい人」を採ることですよね。

上場にあたって、ぼくは何度も「上場で調達した資金はどうしますか？」と訊かれました。そのたびに「人に使います」と答えてきました。そして「人をひとり採るということは、あたらしい工場をひとつ建てるようなことなんです」と付け加えてきました。それは、たとえ話じゃなくって本気のことばなんです。

たとえば上場後の2017年4月、物理学者で東京大学名誉教授の早野龍五さん、それから『婦人公論』や『中央公論』、『考える人』の編集長を歴任されてきた河野通和さんが、それぞれフェローと取締役というかたちで、ほぼ日の乗組員になってくれました。ぼくとしては、おおきな工場がふたつも建っちゃったような気持ちです。そして早野さんは「ほぼ日のアースボール」で陣頭指揮を執り、河野さんは「ほぼ日の学校」の校長を務めてくれている。ふたりとも、これまでのほぼ日になかった風を、びゅんびゅん吹かせてくれている。

そうやってあたらしい人たちがどんどん入って、あたらしい流れを起こしてほしいですよね。

だから今後いちばん理想的なのは、ぼくがさっさと引退して「ときどき邪魔をしにくるジジイ」になることですよ。

会社の空気が停滞しているとき、みんなが保守的になりかけているとき、会議が煮詰まったとき、無責任なジジィがやってきてドーン、とテーブルをひっくり返す。それだけで目が覚めてアイデアは出てきますから。上場したことで、その最低限の準備は整ったと思っています。少なくともぼく個人のこととして言えば、上場は自分が引退するためのステップでもあるし、次なるイノベーションのための種まきなんです。

いつも見つめている「遠景」の姿

ぼくはよく、事業もクリエイティブも「遠くの景色」がくっきり見えていないとダメだ、という話をします。距離に合わせて「近景」と「中景」と「遠景」の3つがあった場合、「近景」はみんなよく見ているし、簡単にイメージすることができる。そして「中景」も、がんばれば見える。でも、事業やクリエイティブがほんとうにおもしろく育っていくのは、「遠景」が見えてからなんですよ。

たとえば犬猫アプリ「ドコノコ」の場合、いちばん最初のプロジェクト名は「K

AZOKU（家族）」というものでした。言ってることとやりたいことはわかるけれど、ちょっと啓蒙的でもあるし、つまらないですよね。

自分の飼っている犬猫の写真を撮って、アルバムをつくる。友だちと見せ合いっこする。ここまでは「近景」です。そしてご近所の犬猫たちを知って、迷子さがしなんかをお手伝いする。情報交換や、地域猫の世話などに役立てる。ここまでが「中景」です。プロジェクトが動きはじめてからしばらくは、ここまでしか見えていませんでした。

やがてそこに、「遠景」が見えてきます。

遠い外国の人たちが、しかも対立している地域の人たちが、国境線を挟んであっちとこっちの犬のことを、互いに気づかっている。あるいはどこかの国の大統領たちが、犬猫を通じてお互いを身近に感じていく。そういう世界に広がる「遠景」が見えたとき、アプリ制作は一気にわくわくするものへと変わりました。

たぶんこれ、ぼくの一生も同じだと思います。

ぼくがいま、自分個人に思い描いている「遠景」は、自分のお通夜なんです。

いまもぼくの前にはたくさんの「近景」があり、「中景」があります。でも、自分がどんな人間になりたいかと訊かれたら、迷わず「お通夜がにぎやかな人」と答えますね。

身内だけでしんみりやるお通夜じゃなく、たくさんの友だちが集まって、朝までわいわいしゃべっているようなお通夜。「ちょっと風呂に入ってから、またくるよ！」なんて一旦抜ける人がいたりしてね。

もしもそんなお通夜ができたなら、ぼくがどれだけたのしい人生を送ったか、わかるじゃないですか。その未来に向かって、その「遠景」を見つめながら生きている自覚はありますね。実現する自信もあるし。きっとたのしいですよ、ぼくのお通夜は。だからみなさん、どうぞ遊びにきてくださいね。

いい正直にやれました（あとがきにかえて）。

糸井重里

いえいっ。

スポーツだとか音楽だとかやっている快活な青年たちが、なにかうまくいったときなんかに、高くあげた手をパーッンとぶつけ合う。

はいたっち、というのだ。

恥ずかしながら、ぼくも青年ではないのだけれど（というより老年なのだけれど）何度かやったことがある。あっちから手がきて、合わせてやったことが多い。

あっちがやりたそうに手を差し出して身がまえているので、そこをめざしてこっちから迎えにいったということもある。

古賀さんにインタビューされて、それがまとまってこの本になった。「こんな感じになります」と、ゲラを渡された瞬間、おそらくぼくは快活な青年のようになっていて、はいたっちをしたい気分になっていた。その場に古賀さんはいなかったのだけれど、離れたところにいる古賀さんと、手を合わせてパチーンと大きな音を立ててみたいとぼくは思った。

インタビューをするのに、どうやったらいいかという質問をされることはよくあるのだけれど、インタビューのされ方を訊かれたことはあんまりない。

インタビューをされるのにも、ほんとうは技術が要ると思うのである。

インタビューされる側の技術とはどういうものなのか。それは、「いい正直になれる」ことである。

ほんとうは「正直になれる」だけでよいのだろうけれど、「わるい正直」というものもあるのだ。正直を逸脱してしまう正直は、迷惑なものだ。場合によっては、そういうものを求められているのかもしれないが、それで人やじぶんを傷つけてしまうことがあるし、「わるい正直」というのは「正直でない」ことだったりもするので困る。

じぶんがインタビューされて「いい正直になれる」と、とても気持ちがいい。快感がある。毎日のように「いい正直になれる」ようなインタビューがあるのなら、ぼくは昼めしくらい抜いてでも付き合っていたい。実際にはサンドイッチかなんか買ってきてもらって、昼めし抜かないとは思うけど。

インタビューされる側が「いい正直」の気持ちよさを知っていることが、インタビューをされる技術なのだと、ぼくは思っている。

そして、インタビューする側の大事なことは、もちろん、される側が「いい正直になれる」ようにすることである。どうすればそうできるのかについては、それこそ面々の計らいではあるのだが、「いい正直」の気持ちよさを知っているということがなによりの基本であろう。

古賀さんが、そういう人であったおかげで、この本のインタビューができた。運もよかったし、縁がありがたかった。

ぼくという人間が、いっぱしの人物でないことが、こういう本をつくりにくくしているはずだし、いっぱしのなにかであることにあんまり価値をおいてないことも、さらに念入りに内容を弱くしているはずだとは思っている。やや申しわけないかもしれない。

でも、しょうがない。それが、ぼくの「いい正直」の結果なのだから。

最後の最後に、この本の欠点を思いついてしまった。まことに残念なことに、ここには、ぼくの過去のことしか書いてないのである。これから、いろんなおもしろいことをやろうとしているのにねー。

本書は、ウェブサイト「ニューズピックス」に
二〇一七年八月に掲載された連載、
「糸井重里が語る、生きること、働くこと」に
追加取材を加え、再構成したものです。

ほぼ日文庫

既刊本のお知らせ

ボールのようなことば。

糸井重里

定価：本体740円（税別）
ISBN：978-4-902516-77-7

糸井重里が書いた5年分の原稿から、こころに残ることばを1冊に。長く、たくさんの人に読まれています。２０１２年発売。

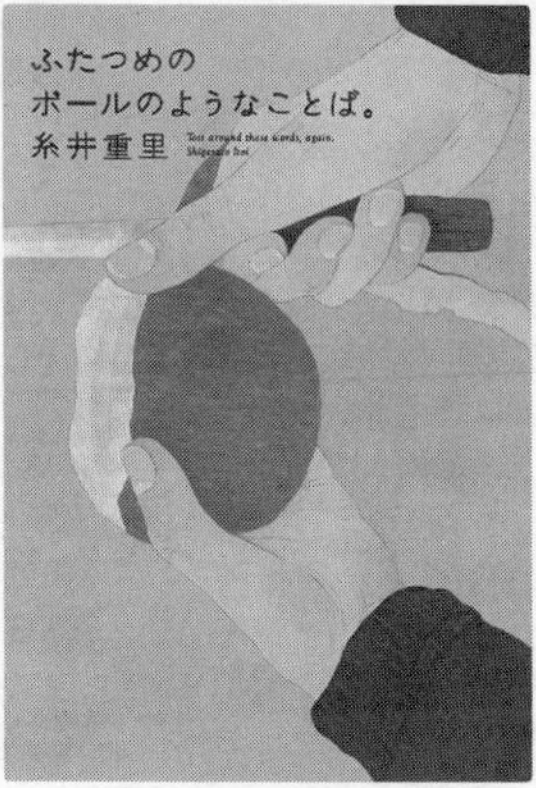

ふたつめの
ボールのようなことば。

糸井重里

定価：本体740円（税別）

ISBN：978-4-86501-182-1

年齢や性別を超えて誰もが読める手軽さと、何度も読める味わい深さが両立した、「ベスト・オブ・糸井重里」の第2弾。
2015年発売。

ほぼ日文庫

既刊本のお知らせ

10年分の小ネタから選り抜いて4冊に！

ほぼ日刊イトイ新聞でみなさまに愛されている読者投稿コーナー「ほぼ日小ネタ劇場」が全4冊の文庫になりました。総計「12000」を超える全掲載ネタから「これは」という傑作を厳選。装画と挿絵は、和田ラヂヲ先生。ヒマつぶしにも、熟読しても。おトイレに、電車のおともに、眠れぬ夜に。どれから読んでも、どこから読んでも。

小ネタの恩返し。
アマデウスは登場しない編

定価：本体800円（税別）
ISBN：978-4865012286
解説：田中泰延

小ネタの恩返し。
ビートルズさんに挨拶を編

定価：800円＋税
ISBN：978-4865012293
解説：古賀史健

49の恋の実話。

恋歌、
くちずさみながら。

定価：740円＋税
ISBN：978-4865010039

懐かしい恋歌とともによみがえる思い出。ほぼ日刊イトイ新聞の人気コーナー、「恋歌くちずさみ委員会」を書籍化。傑作投稿を49本選りすぐって、まとめました。

小ネタの恩返し。
坂本龍馬のことはしかし編

定価：800円＋税
ISBN：978-4865012309
解説：永田泰大

小ネタの恩返し。
おやつ、そしてスイーツ編

定価：800円＋税
ISBN：978-4865012316
解説：燃え殻

HOBONICHI BUNKO

古賀史健がまとめた糸井重里のこと。

二〇一八年六月六日　初版発行
二〇二三年四月一日　第二刷発行

著者　糸井重里／古賀史健
編集　永田泰大
進行　茂木直子
協力　斉藤里香
挿画　キューライス
本文デザイン　清水肇［prigraphics］
印刷・製本　株式会社光邦
発行所　株式会社ほぼ日
〒101-0054　東京都千代田区神田錦町3-18　ほぼ日神田ビル
ほぼ日刊イトイ新聞　https://www.1101.com/